LA CAZA DE BRUJAS DE SALEM

Curiosidades, Secretos y Verdades Detrás de la Cacería de Brujas más Famosa de la Historia

HADWIN ADKINS

© Copyright 2023 – Hadwin Adkins - Todos los derechos reservados.

Este documento está orientado a proporcionar información exacta y confiable con respecto al tema tratado. La publicación se vende con la idea de que el editor no tiene la obligación de prestar servicios oficialmente autorizados o de otro modo calificados. Si es necesario un consejo legal o profesional, se debe consultar con un individuo practicado en la profesión.

- Tomado de una Declaración de Principios que fue aceptada y aprobada por unanimidad por un Comité del Colegio de Abogados de Estados Unidos y un Comité de Editores y Asociaciones.

De ninguna manera es legal reproducir, duplicar o transmitir cualquier parte de este documento en forma electrónica o impresa. La grabación de esta publicación está estrictamente prohibida y no se permite el almacenamiento de este documento a menos que cuente con el permiso por escrito del editor. Todos los derechos reservados.

La información provista en este documento es considerada veraz y coherente, en el sentido de que cualquier responsabilidad, en términos de falta de atención o de otro tipo, por el uso o abuso de cualquier política, proceso o dirección contenida en el mismo, es responsabilidad absoluta y exclusiva del lector receptor. Bajo ninguna circunstancia se responsabilizará legalmente al editor por cualquier reparación, daño o pérdida monetaria como consecuencia de la información contenida en este documento, ya sea directa o indirectamente.

Los autores respectivos poseen todos los derechos de autor que no pertenecen al editor.

La información contenida en este documento se ofrece únicamente con fines informativos, y es universal como tal. La presentación de la información se realiza sin contrato y sin ningún tipo de garantía endosada.

El uso de marcas comerciales en este documento carece de consentimiento, y la publicación de la marca comercial no tiene ni el permiso ni el respaldo del propietario de la misma. Todas las marcas comerciales dentro de este libro se usan solo para fines de aclaración y pertenecen a sus propietarios, quienes no están relacionados con este documento.

Índice

Introducción	1
1. Breve historia de la brujería	5
2. Los puritanos del Mayflower	83
3. La vida en la Nueva Inglaterra colonial	93
4. Las causas de los juicios a las brujas de Salem	101
5. Comienzan las acusaciones	111
6. Histeria colectiva en Salem	119
7. Las primeras ejecuciones	123
8. La muerte de Corey por prensado	129
9. El legado de la brujería en Salem	135
Conclusión	143

Introducción

Los Juicios de las Brujas de Salem tuvieron lugar en la ciudad de Salem en 1692-1693. Salem, situada en la colonia británica de Massachusetts, en Norteamérica, fue fundada y gobernada por los puritanos, una secta cristiana austera que se había refugiado en Norteamérica sólo unos 70 años antes.

El calvario comenzó cuando un pequeño grupo de mujeres jóvenes, la mayoría de ellas de entre doce y veinte años, empezó a acusar a los miembros de su comunidad de utilizar la brujería para dañarlas o atormentarlas.

Para los puritanos, la vida era una batalla constante entre las fuerzas del bien y del mal; creían que el Diablo los acechaba, tratando constantemente de tentarlos para que se alejaran de su Dios. Los que cedían a sus tentaciones tenían la capacidad de conseguir poderes especiales, lo que los convertía en brujas.

Es más, una vez que una persona se convertía en bruja y entraba en alianza con el Diablo, los puritanos creían que ayudarían al Diablo a conseguir más almas. Por lo tanto, la amenaza que suponían las brujas dentro de la comunidad de Salem se sentía muy real e increíblemente peligrosa para la gente de la época.

En la época de los juicios a las brujas, muchos aspectos de la vida en Massachusetts y en Salem específicamente estaban cambiando. En gran parte, a medida que la primera generación de emigrantes puritanos fallecía, los ancianos temían que las generaciones más jóvenes, que nunca habían conocido la persecución en Gran Bretaña, empezaran a apartarse de las estrictas normas y rituales del puritanismo. Además, las cuestiones de género, raza, política y religión se unieron para crear las condiciones necesarias para que se produjera un acontecimiento tan trágico.

Cuando terminaron los Juicios de las Brujas de Salem, más de doscientas personas habían sido acusadas. Las acusaciones probablemente les persiguieron durante el resto de sus vidas. Además, diecinueve personas fueron ahorcadas, una murió aplastada y otras cinco murieron en prisión.

Tras este trágico suceso, Salem trató durante generaciones de seguir adelante y olvidar, pero el recuerdo de estos perturbadores acontecimientos permaneció con ellos.

Con el tiempo, Salem aceptó lo sucedido mediante la conmemoración y la educación. También sigue siendo uno de los sucesos más infames de la historia de Estados Unidos, recreado en muchas obras de literatura y cine.

1

Breve historia de la brujería

LAS BRUJAS DE PENDLE

Hace cuatrocientos años, en el bosque de Pendle, en Lancashire (Inglaterra), los jueces de paz cazaban brujas.

Una de las cacerías había surgido de la rivalidad entre dos familias, cada una dirigida por una matriarca. Elizabeth Southerns, de ochenta años, llamada la Vieja Demdike, dirigía a la familia Device, que incluía a su hija, Elizabeth Device, y a sus nietos Alice, James y Jennet, de nueve años.

La decrépita y casi ciega Anne Whittle, llamada la Vieja Chattox, y su hija Anne Redfearne eran sus acérrimas rivales. La Vieja Demdike y la Vieja Chattox y sus parientes obtenían prestigio de la práctica de la magia popular, pero sólo escasos ingresos.

Los habitantes de la zona acudían a estas astutas mujeres para que las curaran, encontraran objetos perdidos y les dijeran la suerte. Se ganaban la vida a duras penas en los márgenes de la sociedad decente, implicándose mutuamente en pequeños delitos de robos, chantajes y sobornos a funcionarios locales.

Un crimen más grave flotaba en el aire del bosque de 1612, el de la brujería. Los dispositivos culpaban a Old Chattox de haber embrujado al marido de Old Demdike hasta la muerte once años antes. Algunos clérigos también afirmaban que las mujeres practicaban su magia popular con la ayuda del autor de todos los males, el mismísimo Satanás. Sugirieron que ciertas mujeres habían hecho un pacto con el Diablo y, por tanto, habían obtenido poderes monstruosos de brujería, con los que perjudicaban a los buenos cristianos. Tanto las autoridades religiosas como las civiles temían esta brujería lo suficiente como para emprender acciones legales contra las presuntas brujas y aplicarles su justo castigo: la muerte en la horca.

Un simple enfrentamiento con un desconocido desencadenó la caza en el bosque de Pendle.

. . .

El 21 de marzo de 1612, Alice Device supuestamente maldijo al vendedor ambulante John Law porque no quería venderle alfileres.

John Law afirmó entonces haber caído bajo una extraña enfermedad, tras encontrarse con un gran perro negro con un feroz aspecto de ojos ardientes y espantosos colmillos. La familia de Law, que no era de la zona, recurrió al juez de paz local, Roger Nowell. Tras una breve investigación en , Nowell arrestó a Alice, a su madre Elizabeth y a Old Demdike, así como a Old Chattox y a su hija, Anne Redfearne, encerrándolos a todos en el castillo de Lancaster el 4 de abril. El 10 de abril, amigos y familiares se reunieron en la casa de Old Demdike, llamada la Torre Malkin, y supuestamente conspiraron para liberar a las brujas volando el castillo de Lancaster. Estos esfuerzos agravaron la tragedia.

Dos semanas más tarde, después de que los hijos del viejo Demdike confesaran la reunión conspirativa en la Torre Malkin, las autoridades reunieron a más sospechosos. A medida que el interrogatorio se intensificaba hasta convertirse en tortura, los acusados se acusaban mutuamente. La vieja Demdike admitió que había caído bajo el hechizo de un misterioso demonio llamado Tibb, al que conoció en el bosque. Tibb adoptaba la forma de un niño con un abrigo marrón y negro, o como un familiar o diablillo: un demonio con forma de animal en forma de gato negro o perro marrón. En su segundo encuentro, le colocó una Marca del Diablo, un punto bajo su brazo izquierdo del que le chupó la sangre. En su tercer encuentro, ella comenzó a hacer maleficios, o magia dañina, para él. Luego enseñó a su hija Elizabeth y a sus nietos James y Alice (pero no a la más joven, Jennet). También convirtió a sus vecinos.

La vieja Chattox afirmaba que el viejo Demdike le había traído al Diablo en forma de seductor, que más tarde le envió unos duendes llamados Fancie y Tibbe. Se cometieron varios asesinatos contra las brujas, así como la matanza de vacas. Se dice que la vieja Chattox y su hija, Anne Redfearne, mataron a Robert Nutter, tras el rechazo de Anne a sus avances sexuales y su posterior promesa de desalojarlas.

Otros motivos enumerados para el asesinato eran el rechazo de una comida como soborno, la no entrega de una camisa prometida a otro, las quejas sobre el uso de una lata de leche dada como caridad, e incluso la venganza por haber sido regañado o reído. Se supone que los asesinatos se llevaban a cabo utilizando a los familiares, quemando cuadros o rompiendo imágenes de arcilla.

. . .

En agosto, Sir Edward Bromley y Sir James Altham escucharon las pruebas en un juicio que duró apenas dos días. Ambos tenían experiencia en juzgar casos de brujería. En otro juicio celebrado ese mismo año en la cercana localidad de Samlesbury, el juez Bromley había permitido la absolución de los tres acusados. En ese caso, Grace Sowerbutts, de catorce años, había culpado a tres mujeres de atormentarla y llevarla a un sabbat, una reunión nocturna de brujas en la que bailaban y mantenían relaciones con demonios.

El juez Bromley consideró que el testimonio de Sowerbutts no era creíble, al enterarse de que un sacerdote católico romano había alimentado a la niña con escabrosas historias de brujas chupasangre que asesinaban bebés. Sin embargo, en otro juicio celebrado el mes anterior, él y su colega, el juez Altham, condenaron a muerte a Jennet Preston, de York. Aunque Preston había sido absuelta de otro cargo de brujería a principios de ese año, en julio el jurado la declaró culpable de matar a Thomas Lister por brujería. Una acusación en el lecho de muerte de la víctima y el sangrado de su cadáver cuando Preston lo había tocado convencieron al jurado. Las pruebas enviadas por el diligente juez de paz Nowell que atestiguaban que Preston había formado parte de la conspiración de la Torre Malkin vincularon los dos casos.

. . .

Con toda esta información, Sir Edward necesitó poco para convencerse de una peligrosa conspiración de brujas. En el caso de Pendle Forest, aceptó fácilmente tanto las pruebas fantásticas como los rumores. Las pruebas de la joven Jennet Device contra su propia familia le parecieron de lo más convincentes al tribunal. No obstante, cinco de los acusados lograron la absolución, incluida la pequeña Jennet. El viejo Demdike escapó a la ejecución al morir primero en la cárcel. Aunque Anne Redfearne fue declarada inocente del asesinato de Robert Nuttle, la población local insistió tanto en su culpabilidad que convenció al juez Bromley de que había matado al padre de Robert veinte años antes.

Bromley condenó a Margaret Pearson por el "delito" de haber dado a un niño un poco de leche, que supuestamente había hecho con un diablillo en forma de sapo.

Pearson tuvo que permanecer cuatro días en el cepo en cuatro ciudades diferentes con un cartel en la frente explicando sus crímenes, seguido de un año de prisión. Los jueces condenaron a muerte a un total de diez personas, entre ellas muchas de las familias Device y Redfearne. Los funcionarios los ahorcaron rápidamente, sólo un día después de su condena, el 20 de agosto de 1612. Los culpables subieron a la escalera del cadalso y se les colocó un lazo alrededor del cuello; se les quitó la escalera y se les estranguló mientras se retorcían.

Una simple negativa a dar bolos a un mendigo se convertía en encarcelamiento, tortura y muerte. Entre 1400 y 1800, este tipo de acontecimientos era posible en todos los países europeos y sus posesiones coloniales. Decenas de miles de personas en Europa y en las colonias europeas murieron a consecuencia de ello; otros millones sufrieron torturas, detenciones, interrogatorios, odio, culpa o miedo. Este libro describe las facetas clave de estas cazas de brujas, desde sus orígenes en las actitudes hacia la magia y la religión desde la antigüedad, pasando por la inquisición medieval de los herejes durante su intensa actividad a partir de 1400, hasta su fin mediante reformas legales racionales hacia 1800.

EL PROBLEMA DE LAS BRUJAS

¿Funciona la magia? ¿Existen las brujas?

La forma en que cada uno responde a estas preguntas determina su actitud hacia el contenido de este libro. El mundo parece diferente según se crea, o no, que las brujas y sus hechizos provocan un cambio real.

. . .

Estas cuestiones de creencia y realidad están en el centro de la caza de brujas, hasta el punto de que el manual más famoso de la caza de brujas, El martillo de las brujas, también comienza con preguntas similares.

Esta breve historia relata cómo la civilización occidental, antaño, no sólo creía en las brujas, sino que las "cazaba". La infame caza de brujas en Europa se produjo porque la gente creía que las brujas conspiraban para destruir la sociedad cristiana. El ángel caído Lucifer, Satanás, el Diablo, supuestamente otorgaba poderes a las brujas para lanzar hechizos y así dañar a las personas, los animales y las propiedades.

Esta creencia llevó a las autoridades a detener, perseguir y castigar a las supuestas brujas a través de los sistemas de justicia y del poder político.

Lamentablemente, todo este sufrimiento buscaba resolver un problema que no existía realmente.

. . .

No hubo ninguna conspiración satánica de brujas. Por supuesto, la gente a lo largo de la historia ha creído que había, y hay, brujas que podían perjudicar a la sociedad.

Asimismo, algunas personas han llegado a afirmar que son brujas. Sin embargo, no existen pruebas fehacientes de que la brujería haya perjudicado a alguien o a algo por medios mágicos. La mayoría de los historiadores, científicos y teólogos no creen que las brujas o la magia tengan un poder transformador real. Las supuestas habilidades de las brujas se derivan de la imaginación. Incluso los líderes de la Iglesia cristiana enseñaron durante muchos siglos que las personas que decían ser brujas se engañaban a sí mismas. Esta enseñanza cambió hacia el año 1400, cuando comenzó la caza de brujas en Europa occidental. Para la mayoría de los cristianos volvió a cambiar hacia 1800, ayudando a terminar con dichas cacerías.

LA CAZA COMO FENÓMENO SOCIAL, POLÍTICO Y RELIGIOSO

Durante los últimos treinta años, muchos historiadores han escrito numerosos libros y artículos para intentar comprender cómo se llegó a cazar a las brujas después de 1400 en Europa. Para tratar de explicar las cacerías, los historiadores sugieren muchas teorías que unen los hechos, las opiniones y los mitos. A veces, una determinada teoría llega a dominar la visión profesional o popular de la historia.

Ninguna de las muchas teorías propuestas a lo largo de los dos últimos siglos ha conseguido explicar satisfactoriamente las cacerías. Sea cual sea la teoría, las razones últimas residen en la naturaleza humana y en las convenciones culturales de una época. La gente busca naturalmente explicaciones sobre por qué las cosas van mal. La cultura también sugiere pistas o inclinaciones mentales que hacen que la gente asuma ciertas causas detrás de los eventos buenos y malos. Los seres humanos ven patrones en objetos aleatorios: la cara del diablo en la nube de humo de las Torres Gemelas del World Trade Center, la Virgen María en el escaparate de un centro comercial o Elvis en una patata.

A veces, ven brujas.

Dos fenómenos permitieron que la caza de brujas estallara cuando y donde lo hizo. En primer lugar, la creencia generalizada de que las brujas eran un peligro público inminente fabricó una justificación y, lo que es más importante, los intelectuales cristianos de finales de la Edad Media y principios de la Edad Moderna incorporaron a la visión cristiana del mundo los temores supersticiosos que la gente tenía desde hacía mucho tiempo sobre la magia malévola.

Los temerosos clérigos predicaban castigos severos, en lugar de arrepentimiento y misericordia, para los delincuentes brujos. Ciertamente, mucha gente durante la época premoderna creía en un mundo empapado de cualidades mágicas. De hecho, la sociedad cristiana pudo haber atacado legítimamente, como lo hizo a veces, a la gente que trabajaba con la magia de las hierbas o jugaba con la prestidigitación y la adivinación.

Esas prácticas podían determinarse razonablemente como pecados dentro de la doctrina cristiana. Pero la hostilidad a esa magia no requería la tortura y la muerte para sustituir el tratamiento habitual de las transgresiones pecaminosas con la penitencia y la reconciliación.

En segundo lugar, los líderes políticos abordaron este supuesto peligro de las brujas con fuerza letal. Los líderes políticos, ya fueran laicos o clérigos, debían creer lo que muchos de sus superiores espirituales predicaban sobre la brujería siniestra. Las élites políticas también respondían a las presiones de las clases bajas para que cazaran a las brujas, como han demostrado investigaciones más recientes.

. . .

La gente "de abajo" exigía que estas brujas peligrosas fueran castigadas por los de "arriba". En lugar de permitir la justicia popular de las fiestas de vandalismo y linchamiento, o de impedirla, los propios líderes políticos pusieron en marcha las ruedas de la justicia para aplastar a las brujas.

Es difícil decir qué fue más fácil en cada situación, abrazar o resistir la caza de brujas. De cualquier manera, la caza de brujas floreció en la cooperación de la Iglesia y el Estado. Los funcionarios de la Iglesia aportaban ideas y razones, y los agentes del Estado las llevaban a cabo.

Afortunadamente para las víctimas potenciales, no todo el mundo aceptaba la realidad de una conspiración satánica de brujas. Ni las instituciones cristianas ni las organizaciones políticas se esforzaron lo suficiente para perseguir a las imaginarias brujas en todo momento y lugar. Si los primeros papas modernos y el clero protestante hubieran enseñado sistemáticamente que las brujas existían y debían ser erradicadas, muchas más personas habrían sufrido en las cacerías.

Y algunos regímenes hicieron caso a los que advertían de la injusticia, rescatando aún más a las posibles víctimas de la caza de brujas. Debido a estas lagunas, muchas zonas de Europa nunca sufrieron cazas de brujas, y la mayoría de las zonas sólo las experimentaron durante breves años, no décadas.

Sin embargo, demasiados optaron por creer que las brujas eran reales y amenazantes y que la mejor manera de combatirlas era el arresto, la tortura y la ejecución.

¿Dudaban los vecinos con compasión cristiana antes de denunciar a otros a la cárcel y a un castigo casi seguro? ¿Los sacerdotes inquisidores se sentían inseguros al girar el tornillo del pulgar? ¿Tenían los jueces dudas razonables al pronunciar la sentencia de mutilación y quema? Sin duda, algunos sí, pero muchos no. ¿Qué motivó realmente a los cazadores en sus mentes y corazones? Nunca podremos saberlo del todo.

Walpurga Hausmannin

Tomemos como ejemplo el notorio caso de Walpurga Hausmannin, una anciana que había ejercido como matrona durante diecinueve años, pero que cayó en la pobreza. Su caso formó parte de una cacería más amplia con sede en Dillingen, la residencia del príncipe-obispo Marquard von Berg (r. 1575-1591) de Augsburgo. En el momento de su juicio, Walpurga había sido supuestamente amante de un demonio durante treinta y un años. El asunto comenzó cuando, al principio de su viudez, había concertado una cita con un compañero de trabajo y el "Maligno" se presentó en su lugar. Utilizó el nombre de "Federlin" (Plumita) y a partir de entonces fornicó con ella a menudo. Le hizo firmar un pacto con el Diablo con su propia sangre, aunque le guió la mano ya que ella no sabía escribir. Iban juntos en una horquilla a los sabbats, donde ella adoraba al mismísimo "Gran Diablo", un hombre grande con barba gris vestido como un príncipe.

En estas reuniones maldecía los objetos sagrados (como las sagradas Hostias Eucarísticas que había robado), fornicaba y se daba un festín de asados, cochinillos o bebés muertos, todo ello sin sal.

Walpurga confesó una amplia gama de crímenes, siendo el peor de ellos los cuarenta y tres asesinatos, la mayoría de ellos de niños que había ayudado a traer al mundo. Sus métodos eran muy variados, desde lo plausible -presionarles el cerebro- hasta lo improbable -aplicarles un bálsamo venenoso-, pasando por lo casi imposible -chuparles la sangre-, hasta lo ridículo: le regaló al hijo del canciller local "un caballo de paseo para que montara en él hasta perder el sentido. Algunos bebés muertos fueron exhumados por ella para comerlos o utilizar sus partes en la elaboración de pociones. Sólo los niños bautizados se salvaron de su canibalismo, debido a ese bendito sacramento. También había herido a la gente con un bálsamo, había matado al ganado, a los cerdos y a los gansos, y había provocado tormentas de granizo una o dos veces al año que dañaban las granjas y los campos. La corte del príncipe-obispo confiscó sus bienes para su tesorería. Luego, el 20 de septiembre de 1587, los funcionarios la llevaron en un carro hasta el lugar de ejecución ante una multitud de hombres, mujeres y niños. En el camino se detuvieron cinco veces para rasgar sus brazos y pechos con tenazas de hierro caliente. En la pira, le cortaron la mano derecha (que simbolizaba su falta de confianza como matrona) y la quemaron antes de arrojar sus cenizas al río.

El miedo a las brujas como Walpurga era compartido por muchos en el territorio de Augsburgo. Algunos campesinos pensaban que el gobierno se movía con demasiada lentitud, por lo que sugirieron la venta de algunas de sus tierras para pagar la persecución de más brujas que provocaban tormentas de granizo. Mientras tanto, el crédulo obispo hizo caso a las acusaciones de un chico de catorce años, a pesar de la reputación de alborotador del muchacho.

Un escéptico magistrado local trató de decirle al príncipe-obispo que no había que tomarlo en serio, pero a pesar de ello una cacería acabó con más de dos docenas de mujeres. Una mujer de alto rango, la patricia Margaretha Kellerin, incluso fue víctima. El príncipe-obispo Marquard estableció un tribunal especial en Schwabmunchen, en parte porque la ciudad contaba con su propio verdugo, Hans von Biberbach, para llevar a cabo las ejecuciones con eficacia. Sin embargo, los funcionarios de la ciudad persiguieron la caza con poco entusiasmo, y sólo la llevaron a cabo debido a la paga y los mandatos de su señor eclesiástico. Al cabo de unos años, un nuevo príncipe-obispo apenas perseguía a las brujas.

DEFINICIONES DE MAGIA

La brujería es una parte del tema más amplio de la magia. Entrar en el mundo del pensamiento mágico es a menudo difícil debido a su naturaleza secreta u oculta.

La palabra oculto describe la comprensión oculta de los procesos mágicos más allá de nuestros sentidos. Por lo general, sólo se creía que unos pocos y selectos especialistas eran capaces o tenían el privilegio de adquirir conocimientos y poderes mágicos. La naturaleza secreta de quienes practicaban las artes ocultas suscitaba naturalmente la sospecha de que los ocultistas no tramaban nada bueno. Los ocultistas se han defendido a menudo afirmando que cualquier forma de magia puede definirse como buena ("blanca") o malvada ("negra"), dependiendo de sus orígenes y propósitos. La magia negra procede de los demonios y causa daños, como la inundación de casas y pueblos. El término maleficia (del latín "cosas mal hechas") describe esas magias dañinas.

La magia blanca, por el contrario, recurre a fuerzas sobrenaturales conectadas con la naturaleza y tiene como objetivo ayudar a las personas, por ejemplo, haciendo llover para alimentar las cosechas. Los practicantes de lo oculto también distinguen entre "alta magia" y "baja magia". La Alta Magia, a menudo llamada hechicería, requiere un profundo aprendizaje y erudición de textos arcanos, fórmulas y rituales para dominar formidables fuerzas sobrenaturales como los demonios. Los hechiceros (si son hombres) o las hechiceras (si son mujeres) necesitan estudiar complicadas fórmulas, rituales o un lenguaje secreto. Por el contrario, la Magia Baja, que incluye la mayor parte de la brujería, es fácil de aprender o incluso innata para las personas que supuestamente tienen habilidades especiales.

Con poca formación o alfabetización, los practicantes de la magia simple, como los chamanes o los brujos, afirman que pueden adivinar la suerte, defenderse de los maleficios o las maldiciones mágicas y lanzar o romper amuletos, así como provocar, diagnosticar o curar enfermedades. Del mismo modo, los astutos han ayudado supuestamente a la gente a tener buena suerte, a curar enfermedades, a encontrar objetos perdidos y a prevenir maleficios.

Estos sabios o sabias ayudaban a contrarrestar la magia, impidiendo el mal mágico quemando o hirviendo el amuleto o la imagen que se creía que causaba la maldición, rezando oraciones especiales o utilizando objetos sagrados o mágicos como cruces o amuletos. Los astutos también podían comunicarse con hadas, duendes, gnomos u otros espíritus sobrenaturales. En su necesidad de reducir el miedo al futuro desconocido, la gente recurría a adivinos, pronosticadores, videntes, escrutadores o adivinos.

La creencia en formas más serias de magia ayudó a alimentar la caza de brujas. Las brujas participaban en la cabalgata nocturna, una persecución salvaje con hadas y espíritus a través de los bosques. Muy temida era la magia con los muertos, o nigromancia. Las brujas tenían fama de resucitar a los muertos como monstruos (zombis, muertos vivientes o vampiros que bebían sangre). Provocaban a los espíritus para que persiguieran a sus familiares, amigos o enemigos.

. . .

Una creencia común era que la brujería permitía la transvección, o el viaje mágico a través del vuelo. Volar era importante para que las brujas cubrieran grandes distancias rápidamente, ya fuera para reunirse con otras brujas o para hacer algún tipo de daño. El vuelo podía ser en forma de espíritu o espectro; en el cuerpo físico por sí mismo, tal vez ayudado por un ungüento mágico, bálsamo o ungüento; o utilizando algún tipo de dispositivo, como el clásico palo de escoba. El vuelo también puede ser el resultado de la metamorfosis, o la capacidad de una bruja de transformarse en un animal o monstruo. En forma de pájaro, murciélago o perro, una bruja podría recorrer grandes distancias rápidamente. Una bruja podría matar mientras tiene la forma de un temible hombre lobo o esconderse como un simple ratón.

La terminología imprecisa utilizada por las fuentes históricas complica nuestra comprensión de estas creencias. La gente del pasado no siempre hacía distinciones precisas entre la magia alta y la baja, la negra y la blanca. Y las palabras que utilizaban -mago astuto, bruja, mago, hechicero, por citar las variantes inglesas- solían usarse indistintamente, lo que dificultaba la distinción de lo que se quería decir. Los magos de hoy son artistas que dicen específicamente que hacen trucos e ilusiones para producir aparentes violaciones de las leyes de la naturaleza. Los magos suelen ser personajes de leyenda, ficción y fantasía, como el Merlín de las historias artúricas o Harry Potter en esa serie de libros.

Sin embargo, una bruja, ya sea hombre o mujer, suele definirse como una persona que utiliza la magia para perjudicar a sus vecinos y a la sociedad en general.

LA BRUJA EN GRECIA Y ROMA

El miedo a las brujas en nuestra propia cultura occidental tiene sus raíces en el mundo antiguo de Grecia y Roma. La historia europea comienza realmente con el Imperio Romano (509 a.C.-476 d.C.), la gran estructura conquistadora y organizadora de la antigua Europa. La dominación romana amalgamó a muchos pueblos diversos, como etruscos, italianos, griegos, cartagineses, egipcios, palestinos, mesopotámicos, celtas y germanos, entre muchos otros. Para retener a sus súbditos conquistados, los romanos intentaron romanizar a sus nuevos pueblos, para hacerlos más parecidos a los romanos.

Religiones romanas

. . .

Un factor clave en esta integración fue la religión. La religión de los antiguos griegos y romanos se denomina ahora paganismo, una palabra extraída de los habitantes rurales del imperio. El término paganismo incluye hoy cualquiera de las religiones politeístas que existían en Europa y sus alrededores.

Las religiones politeístas incluyen muchas deidades, dioses y diosas y otras figuras divinas, a menudo relacionadas con las fuerzas naturales.

Las religiones politeístas reflejan la importancia socioeconómica de la agricultura. Todas las civilizaciones, hasta hace poco, se centraban en la agricultura. Muchos dioses y diosas antiguos simbolizaban tanto las fuerzas naturales de la fertilidad como aspectos de la naturaleza humana. En las creencias griegas y romanas, Zeus/Júpiter era el dios de las tormentas, Afrodita/Venus la diosa del amor, Ares/Marte el dios de la guerra y Atenea/Minerva la diosa de la sabiduría. Los pueblos antiguos adoraban a estos dioses en ceremonias públicas que incluían procesiones, cantos y oraciones, y comidas sagradas. En estas comidas se vertían libaciones de leche, vino o sangre, como ofrendas para compartir con los dioses. Ya en el año 216 a.C., los romanos realizaban sacrificios humanos. Incluso después de esta fecha, y durante los siglos siguientes, los romanos mataron a miles de personas y animales en los juegos de gladiadores dedicados a los dioses. Los sacerdotes y sacerdotisas que dirigían las ceremonias religiosas eran funcionarios del gobierno que ayudaban a mantener el éxito del estado aplacando a los dioses. Los romanos exigían que todos sus pueblos conquistados hicieran sacrificios a estos dioses y al dios de la propia ciudad de Roma. Los emperadores romanos también empezaron a declararse divinos, otro de los muchos dioses que todos los romanos debían adorar.

Muchas historias y mitologías de los griegos y romanos, que todavía informan nuestra cultura, están relacionadas con la magia y la brujería. La figura divina más identificada con la magia era Artemisa/Diana, hermana gemela de Apolo que gobernaba el sol. Artemisa/Diana gobernaba la luna y encarnaba las fases lunares. Asimismo, los creyentes cambiaron la imagen de la propia Diana, identificándola con Hécate. Su encarnación como Hécate tenía tres caras, que representaban para los griegos las tres divisiones del universo: el cielo, la tierra y el inframundo (Hades). Diana o Hécate solían cazar por la noche, acompañadas por ninfas y otras criaturas mágicas, o por las almas de los muertos en forma de mujeres. Las seguidoras de Hécate, especialmente en la región de Tesalia, en el norte de Grecia, se ganaron la reputación de brujas, infames por su apetito sexual y por el robo de tumbas (especialmente el robo de las narices de los cadáveres).

. . .

Otra figura divina era Pan, que tenía la parte superior del torso y el rostro humanos, pero la parte inferior del cuerpo era la de una cabra, con cuernos de cabra y barba de macho cabrío. Pan era principalmente un dios de la fertilidad y la naturaleza, a menudo asociado con los sátiros. Estos hombres-criatura salvajes, también mitad hombre, mitad cabra, estaban constantemente excitados sexualmente y buscaban una salida a su pasión. Los sátiros solían perseguir a las ménades, mujeres dedicadas a una diosa, que también participaban en ceremonias sexuales salvajes. Tanto Pan como los sátiros alimentarían la posterior imaginería cristiana del Diablo.

Sin embargo, en general, la magia y la brujería eran sólo un aspecto menor de la mitología y la religión griega y romana.

Los romanos permitían a la mayoría de la gente mantener cualquier religión que tuvieran, siempre que esas creencias no les impidieran realizar los sacrificios propios de la religión cívica romana. En general, los romanos eran tolerantes y sincretistas, dispuestos a adoptar creencias y prácticas de otras religiones. Lo que una persona creyera sobre los dioses apenas importaba, siempre que no perturbara la paz pública. Como resultado del sincretismo romano, floreció una gran diversidad religiosa.

. . .

Muchos romanos buscaron otras salidas para enfrentarse a lo espiritual y sobrenatural. Los filósofos fomentaban métodos más reflexivos y racionalistas para afrontar las cuestiones últimas de la vida. Al mismo tiempo, los cultos secretos de "misterio" incluían ceremonias emocionalmente poderosas (quizás con drogas y orgías) y la promesa de salvación para sus seguidores, normalmente basada en un dios que había muerto y resucitado. Los cultos a la diosa de la fertilidad basados en la Magna Mater o la Gran Madre, Deméter, Cibeles, Ishtar y Diana de Éfeso eran populares. Las obras místicas atribuidas al dios Hermes Trismegisto (Tres veces Grande) fascinaban a muchos con inclinación erudita.

Estas obras constituían un gran cuerpo, o corpus, supuestamente escrito por el nieto de los dioses Hermes y Sclepius en el siglo I d.C., aunque sus seguidores afirmaban que eran mucho más antiguas. Todas estas actitudes existían junto a la religión cívica romana y los cultos públicos. Muchas de estas creencias y figuras religiosas resurgirían en conceptos occidentales posteriores sobre la brujería y la magia.

Caza de brujas romana

. . .

Sin embargo, la sincera creencia de los romanos en la validez de las predicciones correctamente pronunciadas hizo que la adivinación fuera un área en la que los líderes romanos castigaban regularmente la magia ilegal. Sólo los oráculos oficialmente reconocidos, los colegios de augures o el sistema de pontífices designados políticamente podían utilizar la magia para adivinar el futuro. El gobierno quería controlar la información y por eso tenía derechos exclusivos sobre la proclamación de lo divino. A los emperadores les preocupaba especialmente cualquier predicción sobre su propia muerte. Tal conocimiento podría fomentar la revuelta y destruir el orden público.

Así, la principal forma de "caza" contra los practicantes de magia en la antigua Roma parece haber sido contra los adivinos no autorizados.

Las leyes fundacionales originales de Roma, las Doce Tablas, prohibían maldecir los cultivos y las propiedades.

Las interpretaciones posteriores ampliaron esta prohibición a la preocupación por la hechicería y los conjuros que pudieran dañar a las personas. Sólo se conservan algunos ejemplos de persecuciones contra la magia en los relatos históricos. En el año 33 a.C., Agripa, en nombre de Augusto César, expulsó a los astrólogos y hechiceros de Roma.

Asimismo, Nerón desterró a algunos en el año 52 d.C. Sólo tres emperadores, Tiberio en el 16 d.C., Vitelio en el 69 d.C. y Valente hacia el 370 d.C., están registrados como ejecutores de astrólogos. En el año 370 d.C., sólo tres emperadores ejecutaron a los adivinos. Según el historiador Livio, entre el 180 y el 150 a.C. , se produjo un ataque diferente contra los practicantes de la magia en tres oleadas. Los magistrados romanos torturaron y ejecutaron a varios miles de personas en Italia por el delito de veneficium. Ese término significa técnicamente envenenamiento, pero los verdaderos asuntos parecen haber sido algún tipo de conspiración relacionada con un brote de enfermedad. Estos pocos incidentes proporcionan muy poca información para comprender la actitud romana hacia la caza de brujas.

Aunque estaba prohibida y desaconsejada, la magia rara vez atraía la ira del régimen.

Los historiadores han observado cada vez más cómo muchos en el imperio utilizaban amuletos de amor, pergaminos de maldición o amuletos de protección. Los libros de hechizos podían ser quemados públicamente, como hizo Augusto en el 31 a.C., pero no las personas que los poseían. Un orador podía hacer gala de sus habilidades argumentando que las brujas debían ser quemadas incluso antes de cometer un delito, porque "la ley odia la capacidad en sí misma de realizar brujería". Sin embargo, estos ejercicios retóricos seguían siendo un entretenimiento y una admiración, no un precedente legal. Según la ley y la retórica, los magos y las brujas deberían haber sido quemados, pero los romanos no parecen haberlo hecho. La magia solía permanecer en el ámbito del miedo y la imaginación personales, no en la atención de los funcionarios del gobierno.

HISTORIAS DE BRUJAS ANTIGUAS

En cambio, la brujería y la magia nociva siguieron siendo en su mayoría dramatizaciones culturales que alimentaban la imaginación. Los griegos y los romanos contaban historias de la strix, una mujer que se convertía en un búho chillón, mataba a los bebés en sus cunas, dejaba impotentes a los hombres tras mantener relaciones sexuales con ellos y se daba un festín de carne humana.

Otro tipo de bruja, la lamia, era una persona que chupaba sangre y se alimentaba de carne y que había resucitado de entre los muertos. Sin embargo, las striges y las lamias eran meras figuras de leyenda. No se promulgaban leyes contra ellas; no se arrestaba a la gente por cometer crímenes en forma de tales monstruos imaginarios. Asimismo, las hechiceras, como Circe y Calipso, eran meros temas de poesía. La historia romana más famosa en la que aparecen brujas es la Metamorfosis, más conocida como El asno de oro, de Lucio Apuleyo. En esta novela, un hombre se transforma en asno por haber buscado los misterios de la brujería. Sus aventuras incluyen muchas historias de brujas, algunas de ellas parecidas a las de las striges y las lamias.

Irónicamente, Lucio Apuleyo fue acusado de brujería. Conocemos su juicio por su defensa, llamada Apología ("Apología" o "Defensa"), escrita hacia el año 157 d.C. Se le acusaba de haber hechizado a una viuda mayor y rica para que se enamorara y se casara con él, un simple joven filósofo. Una de las defensas de Apuleyo fue que nadie que realmente creyera en los poderes mágicos acusaría a nadie, ya que "el hombre que expone a un mago, al que se le atribuyen poderes tan terribles, al peligro de una sentencia capital, ¿cómo puede la escolta o la precaución o los vigilantes salvarle de un desastre imprevisto e inevitable? Nada puede salvarle.... ". Esta observación sobre la falta de represalias mágicas sigue siendo siempre uno de los puntos más débiles de la persecución de las brujas. No sabemos cómo la sortearon los acusadores de Apuleyo; desde entonces, pocos han racionalizado una respuesta.

. . .

Las historias romanas y los registros legales revelan pocos otros procesos por magia.

RELIGIONES ILÍCITAS EN ROMA

Sin embargo, los romanos persiguieron algunas religiones que ofendían su habitual actitud tolerante y sincretista. Calificaron esas religiones falsas y peligrosas de "supersticiones".

Nuestra definición moderna de superstición es "una tontería relativamente inofensiva basada en un falso pensamiento mágico". Para los romanos, sin embargo, la superstición era una falsa creencia peligrosa que podía socavar el orden público apoyado por la divinidad.

La única religión extranjera que los romanos decidieron que era demasiado malvada para continuar fue la de los celtas, a menudo llamada druidismo por el nombre de sus sacerdotes. Desgraciadamente, los celtas no dejaron registros escritos y sólo podemos verlos a través de los ojos de los romanos. Los romanos acusaron a los celtas de crímenes para justificar la eliminación del druidismo:

reuniones secretas supuestamente llenas de sacrificios humanos, canibalismo y orgías sexuales antinaturales e incestuosas. Los grupos sociales suelen utilizar estas acusaciones para situar a los "otros" más allá de los límites del comportamiento humano decente y aceptado.

Estas caracterizaciones aseguran a los acusadores su propia decencia humana, al tiempo que justifican la persecución del enemigo.

Al mismo tiempo que difamaban a los druidas, los romanos también lo hacían con los cristianos de forma similar. Al principio, los romanos encontraban el cristianismo difícil de entender. El cristianismo comenzó con un judío llamado Josué benJosé de Nazaret ("Jesús" en latín) en la Palestina ocupada por los romanos. En los escritos que se convirtieron en el Nuevo Testamento de la Biblia cristiana, Jesús exhortó a la gente a abrazar el reino de Dios; debían amar a Dios y al prójimo.

Fue crítico con la riqueza y defensor de los pobres, indefensos y marginados.

Jesús murió a manos de los romanos. El gobierno romano lo crucificó por el delito de traición, alegando que había afirmado ser el Rey de los Judíos. Pero los seguidores de Jesús informaron de que había resucitado de entre los muertos, se había aparecido a sus discípulos y les había predicado, y luego había ascendido al cielo.

CRISTIANISMO

Aunque los historiadores empíricos no pueden afirmar la validez de ningún aspecto sobrenatural de este hombre, sus seguidores pronto lo llamaron el Mesías (en hebreo), el Cristo (en griego), el Ungido (en inglés) que salvaría a los que siguieran el Camino. A lo largo de los siguientes cientos de años, sus seguidores, los cristianos, fueron elaborando poco a poco lo que creían y en qué se diferenciaba su fe de la del judaísmo dominante. Jesús pasó a ser entendido como el hijo encarnado de Dios, nacido de la mujer María. Los cristianos sostenían además que Jesús el Hijo formaba parte de una Trinidad de Dios el Padre, junto con el Espíritu Santo. La muerte de Jesús por crucifixión y su posterior resurrección proporcionaron la salvación, o la vida después de la muerte. Los creyentes iban al cielo después de la muerte, para pasar la eternidad con Dios, los ángeles y otras almas salvadas. Sus rituales incluían el culto regular en domingo, el día del Señor (evitando a propósito el sábado judío), reuniéndose con procesiones, cantos y oraciones, y una comida sagrada, la Eucaristía.

. . .

En la Eucaristía, creían que no ofrecían tanto sus dones votivos a Dios, sino que Dios compartía con ellos un memorial del sacrificio de Cristo. Desarrollaron estas creencias y su culto construyendo una organización, llamada Iglesia. Sus dirigentes eran obispos, asistidos por sacerdotes y diáconos, que supervisaban las formas de culto y los detalles de la doctrina.

En el entorno intelectual cosmopolita del Imperio Romano, los paganos y los filósofos se oponían a la visión cristiana del mundo. Como reacción, la argumentación filosófica se convirtió en una herramienta clave de los teólogos cristianos. En esas doctrinas cristianas, lo sobrenatural puede ser más importante que lo natural. Como escribió el apóstol cristiano Pablo en Hebreos 11:1, "Ahora bien, la fe es la sustancia de lo que se espera, la evidencia de lo que no se ve". Los cristianos buscaban los milagros, donde el mundo divino irrumpe en el nuestro, desafiando las leyes de la naturaleza o la probabilidad estadística. El agua se convierte en vino; un hombre ciego de nacimiento ve de repente.

Tales milagros eran comunes a muchas religiones, observaron los romanos.

. . .

Aunque el régimen romano había tolerado a los judíos, porque su religión era más antigua que la propia Roma, estos nuevos cristianos eran sospechosos. Los cristianos tenían fama de celebrar reuniones secretas llenas de sacrificios humanos, canibalismo y orgías sexuales antinaturales.

Tal y como relata un autor antiguo, hacían que un "niño cubierto de comida ... fuera sacrificado por el joven pupilo...-

¡Oh, horror! -Laman su sangre; dividen con avidez sus miembros.... En un día solemne se reúnen en la fiesta, con todos sus hijos, hermanas, madres, personas de todo sexo y de toda edad. Allí, después de muchos festines..., las conexiones de la abominable lujuria los envuelven en la incertidumbre del destino". Lo peor de todo es que esos cristianos se negaban a mostrar lealtad al gobierno porque no hacían sacrificios a los verdaderos dioses de Roma. Irónicamente, los romanos llamaban ateos a los cristianos que odiaban a la humanidad debido a su indiferencia hacia los dioses "verdaderos", cuya buena voluntad apoyaba la paz y la prosperidad en casa y la victoria en la guerra en el extranjero.

PERSECUCIONES ROMANAS

. . .

Así, los romanos persiguieron a los cristianos. Por desgracia para el paganismo, los romanos nunca llevaron a cabo estas persecuciones con la suficiente profundidad. Cuando los romanos perseguían seriamente a los cristianos, a veces utilizaban el método de la inquisición. Esto significaba enviar investigadores que pedían a los ciudadanos que denunciaran cualquier actividad delictiva, en este caso los cristianos que adoraban y se negaban a sacrificar a los dioses romanos sancionados. La ley romana permitía torturar a los esclavos para obtener información. Una vez expuestos, si los cristianos se negaban a retractarse, los romanos los castigaban con el exilio, la esclavitud en las minas o como prostitutas en el templo, o la pena máxima de muerte, a menudo de forma cruel.

La crucifixión o las matanzas en la arena, a cargo de gladiadores o animales salvajes, eran entretenimientos populares. Pero cuando los cristianos eran asesinados, a menudo se convertían en mártires. Los cristianos fueron ganando adeptos poco a poco y el cristianismo se extendió por los centros urbanos del Imperio Romano.

A principios del siglo IV, el emperador Constantino puso fin a las persecuciones y permitió la tolerancia religiosa. Más aún, comenzó a desestabilizar el culto cívico pagano como organización religiosa patrocinada por el Estado. Los romanos se convirtieron al cristianismo en masa. A medida que los cristianos se hacían más numerosos, comenzaron a perseguir a los paganos, a destruir sus templos y santuarios y a asesinar a sus líderes. Los dioses paganos eran demonios, cuyo culto debía terminar a cualquier precio.

MAGIA Y BRUJERÍA EN LA BIBLIA

El papel de los demonios pronto ayudó a diferenciar la caza de brujas europea de las actitudes de otras culturas hacia las brujas. El cristianismo desarrolló una verdadera preocupación por los demonios y los "diablos", término utilizado en la Biblia King James.

Ese texto religioso contaba cómo los antiguos hebreos consideraban que los dioses de sus vecinos de Oriente Medio, Baal, Astoret, etc., eran demonios. Muchos relatos de las escrituras hebreas, el Antiguo Testamento cristiano, describen el triunfo de los profetas de Dios sobre los sacerdotes paganos y sus demonios.

Las creencias judías sobre la brujería siguieron siendo bastante insignificantes para su fe, aunque la magia era una preocupación. Un mandamiento menor era "No permitirás que viva una bruja" (Éxodo 22:18). En hebreo real, la palabra traducida como "bruja" era mekasshepha, que significaba propiamente un envenenador que utilizaba medios sobrenaturales. Este mandamiento no resultaba especialmente alarmante, ya que figuraba entre otros muchos mandatos divinos, como el de pagar la restitución por el robo, pagar la dote de las vírgenes seducidas o casarse con ellas, y no cobrar intereses. Sin embargo, otros mandamientos tachan de abominación cosas como consultar a médiums, magos o nigromantes, utilizar la adivinación o hacer que un hijo o una hija realice el ritual (hoy poco claro) de pasar por el fuego. Los reyes hebreos Saúl y Manasés consultaron a adivinos, provocando así la ira de Dios. Varios profetas, entre ellos Daniel, Jeremías y Malaquías, también advirtieron contra los magos, adivinos y adivinadores.

Durante el auge del cristianismo, la magia y la brujería desempeñaron un papel insignificante. Sólo hay dos referencias mágicas en el Nuevo Testamento.

Los tres "Reyes Magos" que visitaron al niño Jesús eran en realidad magos, astrólogos y adivinos de la corte de Persia. Más tarde, Simón "Magus" (el mago) pidió comprar a los apóstoles el poder milagroso del Espíritu Santo.

. . .

Aunque en la historia original simplemente se le amonesta, las leyendas posteriores lo hacen caer fulminado por un rayo divino. El nombre de Simón se convirtió posteriormente en el término que designa el pecado de la simonía, el intento de comprar la salvación o posiciones en la jerarquía eclesiástica.

SATÁN

El mencionado Satán pronto llegó a dominar las opiniones cristianas sobre la magia y la brujería. Satán significa "oponente", "obstructor" o "adversario". Cuando los judíos tradujeron sus escritos sagrados al griego, utilizaron la palabra diabolos, que da al español la palabra "Diablo". La tradición cristiana posterior identificó a Satanás con la serpiente tentadora del Jardín del Edén. La primera aparición oficial de Satanás es en el libro de Job. Allí Satanás hace de acusador, argumentando a Dios que Job abandonaría su fe si sufría. Satanás pierde la apuesta amistosa, después de destruir la familia, el ganado, la propiedad y la salud de Job. Sin embargo, la corriente principal del pensamiento judío apenas se centró en Satanás.

Los cristianos del Nuevo Testamento veían las cosas de otra manera. Los demonios aparecen en los Evangelios, con nombres como "Legión" (porque reunía muchos demonios en una sola persona) o Belcebú, el Señor de las Moscas. "El" Diablo (con D mayúscula) es Satanás, mientras que otros demonios (con d minúscula) son sus ayudantes en el mal.

Satanás tentó a Jesús en el desierto con todos los poderes del mundo; estaba detrás de los demonios que poseían a la gente; y entró en Judas Iscariote, que traicionó a Jesús a los líderes judíos. Satanás tentó a los maridos y a las esposas para que cometieran adulterio y apareció de forma destacada en el apocalipsis descrito en el último libro de la Biblia cristiana, el Apocalipsis.

Los escritores cristianos se basaron en estas acciones comparativamente menores de la Biblia para transformar a Satanás en una figura poderosa, que buscaba sus propias almas para el infierno.

Adoptó el nombre adicional de Lucifer, "el portador de la luz", enlazando versículos del Antiguo y del Nuevo Testamento. Se hizo asistir por demonios, muchos de los cuales eran los falsos dioses paganos y poderosos seres espirituales.

. . .

La imagen de Satanás/el Diablo/Lucifer fue extraída de la antigua deidad Pan, con cuernos, barba de chivo, pecho desnudo y parte inferior del torso y las piernas en forma de cabra de pezuña hendida.

Otros añadidos monstruosos, como la piel roja y la larga cola puntiaguda, fueron variaciones posteriores, al igual que un gran falo erecto o una segunda cara en las nalgas.

MAGIA DEMONIACA

La demonología se convirtió en el estudio "serio" de estos seres sobrenaturales, ya sea para entender sus acciones o para conseguir controlarlos. Los demonólogos comenzaron a enumerar y clasificar los monstruos mencionados en la Biblia, como Leviatán, Belial y Behemoth. Surgió un debate entre los demonólogos sobre si los demonios podían afectar realmente al mundo físico o sólo actuaban a través de la ilusión y el engaño. Su función principal en el pensamiento cristiano era trabajar con Satanás como tentadores y dañinos para la humanidad. La tentación de San Antonio, retratada por los artistas a lo largo de los siglos, permitió que la fantasía se desbordara en las representaciones de los demonios que atormentaban al ermitaño.

· · ·

Una de las peores cosas que hacían los demonios era poseer a los humanos.

Las personas poseídas sufrían ataques, caracterizados por colapsos corporales o convulsiones de los miembros, balbuceos en lenguas y voces extrañas, escupir objetos extraños y peligrosos, y/o pérdida de los sentidos. Un aspecto impresionante del ministerio de Jesús era la realización de milagros para curar enfermedades: hacía ver a los ciegos, hacía caminar a los cojos, curaba a los leprosos y devolvía la vida a los muertos. Otra forma de curación era la realización de exorcismos, o la expulsión de demonios de personas poseídas. Cristo y los apóstoles expulsaban a los demonios sin mucha ceremonia complicada, como consta en el Nuevo Testamento. En los Evangelios, estas posesiones demoníacas eran reales. Los exorcismos de Jesús mostraban su poder divino como superior al de Satanás. Con el tiempo, la Iglesia cristiana estableció un elaborado ritual de exorcismo. Un exorcista invoca al demonio, reza oraciones para atarlo y lo exhorta a salir en nombre de Cristo. La similitud del exorcismo con la prestidigitación preocupaba a las autoridades eclesiásticas, que temían que algunos exorcistas estuvieran utilizando la brujería en alianza con los demonios.

. . .

En los libros octavo a décimo de su obra La Ciudad de Dios, el obispo Agustín de Hipona (r. 396-430) comentó los temas del Diablo y la magia.

Agustín contribuyó a definir el cristianismo ortodoxo durante los siglos siguientes.

Advirtió a los cristianos que no debían ofrecer a los demonios la latría, el culto que sólo se debe a Dios. Estos seres del aire, entre Dios y los hombres, son una "raza de espíritus engañosos y maliciosos, que entran en las almas de los hombres y engañan sus sentidos, tanto en el sueño como en la vigilia".6 Así, Agustín reafirmó la naturaleza espiritual de los demonios, que engañan a las personas con fantasías y falsedades. En otras obras, Agustín condenó a los herejes gnósticos por cometer pecados sexuales en sus reuniones secretas, donde también asesinaban y canibalizaban bebés.

Las acusaciones romanas contra los druidas y los cristianos se repiten aquí limpiamente. Las ideas de Agustín sobre estos asuntos definirían en gran medida el pensamiento cristiano durante siglos.

MITOS ALEMANES

. . .

Agustín escribió la Ciudad de Dios para definir el cristianismo ortodoxo frente a los críticos grecorromanos que afirmaban que los dioses paganos habían retirado su protección de Roma. A finales del siglo IV y en el V, varios pueblos germanos y asiáticos desgarraron la mitad occidental del Imperio Romano. Muchos creían que era más que una coincidencia que apenas el imperio se hubiera convertido al cristianismo , los bárbaros triunfaran como nunca antes en 800 años.

Durante un tiempo, muchos germanos estuvieron dispuestos a acomodarse y vivir como aliados o pueblos leales dentro del imperio, pero finalmente destruyeron la administración y la burocracia romana en las provincias occidentales y las tomaron para sí. Los reinos que los reyes bárbaros germanos construyeron en el oeste de Europa fueron los ancestros de los estados europeos modernos.

Los alemanes dominantes trajeron consigo sus propios conceptos religiosos.

En realidad, muchos de los alemanes invasores ya eran cristianos, aunque de tipo herético arriano. Algunos pueblos alemanes, como los francos o los anglosajones, invadieron como paganos. Sus dioses compartían paralelismos con los de la antigua Roma. Odín era el dios de la sabiduría; Freya, la diosa de la fertilidad; Thor, de las tormentas; y Tyr, de la guerra. Una diosa, Holda o Bertha, se ocupaba de la fertilidad y la domesticidad, una diosa de la naturaleza maternal. A menudo dirigía una cacería salvaje por los bosques y selvas de la noche, muy parecida a la Artemisa/Diana/Hécate grecorromana. Estas similitudes llevarían más tarde a los alemanes a utilizar nombres griegos y romanos para la cabalgata nocturna de su diosa.

Los germanos que entraron en las fronteras de lo que había sido el Imperio Romano se convirtieron al cristianismo católico en el siglo VII.

Los historiadores siguen debatiendo hasta qué punto esta conversión, o las posteriores de los siglos siguientes, cambiaron las creencias reales. La intensidad de la fidelidad al cristianismo, como a todas las religiones, ha variado mucho según la época y el lugar, incluso cuando una fe oficial es sancionada por el régimen político. Otras formas de culto fueron absorbidas. Los cristianos tomaron prestadas las fiestas paganas, como la conversión del solsticio de invierno en Navidad. Se construyeron iglesias en el lugar de las arboledas sagradas; las fuentes paganas se rebautizaron con nombres de santos cristianos. Los bailes de mayo y la quema del tronco de yule sancionaban la bienvenida a la fecundidad de la primavera o la detención del frío del invierno, aunque no el paganismo subyacente con el que comenzaron. La mayoría de los historiadores dudan de que estos restos de creencias populares hayan sobrevivido como manifestaciones de una fe pagana sincera. Una vez que Roma se convirtió en cristiana, el dominio cultural de la nueva fe fue universalmente incuestionable durante siglos. El cristianismo ya no era una opción entre muchas otras. Todo el mundo nacía y se bautizaba en la fe.

LA EDAD MEDIA

Como se detalla en el siguiente capítulo, los nuevos desafíos de la Edad Media se basarían en las antiguas tradiciones mágicas y las combinarían con la nueva teología para sentar las bases de la caza de brujas después de 1400.

La antigua civilización grecorromana desapareció, pero el pensamiento mágico ciertamente perduró. A medida que la Iglesia cristiana de la Edad Media profundizó en la conversión de los conquistadores de Roma y evangelizó a otros pueblos paganos, absorbió y adaptó sus actitudes hacia la magia.

. . .

Las maravillas milagrosas de Dios seguían siendo superiores a cualquier obra maligna del Diablo.

En el siglo XII, el crecimiento de la economía, el aumento del comercio, el incremento de la población urbana y el cambio de estatus de los campesinos dieron paso a una nueva era. Con las nuevas ideas llegaron nuevos peligros para la Iglesia. Las llamadas a la pobreza apostólica dieron lugar a las herejías de valdenses y cátaros, que se oponían al monopolio espiritual de la Iglesia bajo su administración papal. La predicación de las órdenes mendicantes, pero también la cruzada y la inquisición, eliminaron en su mayor parte las herejías teológicas en el siglo XIV. Los cátaros habían sido asesinados o convertidos en su mayoría. Los valdenses fueron confinados a bolsas aisladas de territorio, y los husitas se limitaron a Bohemia.

Aunque los herejes ya no constituían un grave peligro para el orden cristiano establecido, seguía siendo necesario contar con enemigos heréticos.

Por el camino, los herejes habían sido etiquetados con crímenes fantásticos e imposibles de sacrificios humanos, canibalismo y orgías sexuales antinaturales. Así, los inquisidores ya habían empezado a relacionar los males mágicos imaginarios con los herejes teológicos reales. Hacia el año 1400, las amenazas mágicas se unían a la nueva herejía de las brujas, aunque la conexión seguía basándose en la fantasía más que en la realidad. Sin embargo, la caza de brujas requería algo más que la falta de herejes teológicos.

La teología, o más bien su rama de la demonología, pasó de creer que los demonios eran meros espíritus a los argumentos escolásticos sobre su toma de forma física. A los gobernantes políticos les bastó con actuar en base a su miedo a las brujas para iniciar las cacerías.

EUROPA AL INICIO DE LA CAZA DE BRUJAS

A finales de la Edad Media, tres poderosos reinos, Francia, Inglaterra y el Sacro Imperio Romano, dominaban Europa.

El Sacro Imperio Romano Germánico era el más grande en tamaño y población, pero cada vez más el más débil de los tres.

. . .

Su territorio abarcaba las actuales naciones de Alemania, Austria, Liechtenstein, Suiza, Luxemburgo, los Países Bajos y la República Checa, así como partes de Bélgica, Francia, Dinamarca, Polonia e Italia. Desde mediados del siglo XI, los emperadores del Sacro Imperio Romano Germánico se habían debilitado por los cambios de dinastía, los conflictos con los papás, las guerras en Italia y la competencia con los demás príncipes alemanes. Después de 1250, un grupo de siete príncipes electores elegía un nuevo emperador tras la muerte de cada uno de ellos. Numerosos príncipes, reyes, duques, príncipes-obispos, condes, margraves, caballeros imperiales e incluso ciudades libres se habían vuelto semi independientes en 1500, a menudo libres de ignorar las órdenes del débil emperador elegido. La dinastía de los Habsburgo consiguió constantemente que sus miembros fueran elegidos emperadores después del siglo XV. No obstante, los Habsburgo siguieron siendo los más poderosos en su país, Austria, y rivalizaron con dinastías que gobernaban estados como Prusia, Baviera y Sajonia.

Mientras tanto, el reino de Francia se había fortalecido a costa del Imperio. Sin embargo, al final de la Edad Media, Francia e Inglaterra se enzarzaron en una lucha por el dominio llamada la Guerra de los Cien Años (1337-1452).

. . .

Estos dos estados habían sido rivales directos desde que el duque Guillermo de Normandía había invadido y conquistado Inglaterra en 1066.

En el momento de la invasión normanda, Inglaterra se había unificado como estado con una población mixta de celtas, romano-britones y anglosajones.

Durante la Guerra de los Cien Años, la habilidad inglesa estuvo varias veces a punto de derrotar a la francesa. Sin embargo, Francia acabaría venciendo y expulsando a los ingleses del continente. Tras perder contra Francia, los ingleses libraron una breve guerra civil llamada Guerra de las Rosas, de la que surgió la dinastía Tudor. Los Tudor estabilizaron el Estado y completaron en gran medida la dominación inglesa de las vecinas Escocia, Gales e Irlanda. La unificación de Escocia e Inglaterra en 1603 creó Gran Bretaña. La armada británica procedió entonces a establecer a Inglaterra como potencia mundial. Mientras tanto, la monarquía absoluta francesa desarrolló los mecanismos del gobierno burocrático moderno, convirtiéndose en el Estado más poderoso de Europa. En 1494, la dinastía francesa de los Valois demostró su nuevo poder invadiendo la península italiana, una región en la que tradicionalmente sólo interfieren los alemanes imperiales.

. . .

La invasión francesa de Italia les permitió participar en su floreciente riqueza y cultura. Durante gran parte de la Edad Media, las ricas ciudades de Italia habían prosperado, pero habían sido disputadas y gobernadas por emperadores y papas alemanes. La epidemia conocida como la Peste Negra, que mató a un tercio de la población de Europa, hizo pensar al principio que había llegado el fin del mundo. En cambio, la historia continuó. En Italia, la riqueza se multiplicó cuando Europa empezó a vivir la Revolución Comercial (1350-1650), basada en el capitalismo. La simple idea de reinvertir los beneficios, la esencia del capitalismo, ayudó a los comerciantes y banqueros italianos a crecer en poder y prestigio. Los ricos gastaron parte de esa riqueza en conocimiento y cultura.

EL RENACIMIENTO

El resultado fue el Renacimiento, o un renacimiento del interés por la Grecia y la Roma clásicas que dio lugar a las innovaciones modernas. Durante los siglos XV y XVI, los intelectuales inventaron el término para sí mismos, viendo los mil años de la Edad Media como una larga partida entre los antiguos griegos y romanos y un nuevo renacimiento de la literatura, el arte y la filosofía grecorromanos adoptados por las élites del Renacimiento. Mientras tanto, la fascinación renacentista por Grecia y

Roma se extendió a otros reinos europeos, que experimentaron su propio florecimiento cultural. A ello contribuyó la invención de la imprenta, que abarató el precio de los libros y los hizo más accesibles que nunca antes en la historia de la humanidad.

Resulta irónico que una época de apertura a nuevos aprendizajes coincidiera con el inicio de la peor de las cazas de brujas.

La efervescencia intelectual en las escuelas y universidades revivió los antiguos conceptos de las brujas junto con la otra herencia de los clásicos. Inspirándose en las ideas de Platón, algunos eruditos buscaban la clave para controlar los poderes mágicos a través de una hechicería muy erudita. Se adentraron en los tomos mágicos, experimentaron con la alquimia y jugaron a conjurar demonios.

Otros se burlaban de estos esfuerzos o los consideraban pecaminosos.

Otra idea moderna debatida por los intelectuales del Renacimiento fue la Querelle des Femmes ("La cuestión de la mujer"). Algunos sugerían que las mujeres trataran de justificar su igualdad o equivalencia con los hombres. La misoginia de quienes negaban cualquier comparación justa de las capacidades mentales o morales de las mujeres con las de los hombres alimentó, sin duda, el enfoque de las mujeres como brujas. La imprenta difundió esos temores junto con todas las demás ideas.

LAS EXPLORACIONES EUROPEAS

Justo cuando Francia intentaba establecer su hegemonía en Italia, Portugal y España aprovecharon su posición en la costa atlántica para iniciar la exploración de África, tratando de llegar a las Indias, donde se encontraba la riqueza de las especias. Establecieron puestos comerciales militares en África y Asia. Y lo que es más importante, se hicieron con el control de gran parte de la recién descubierta América del Norte y del Sur.

Francia e Inglaterra no tardaron en seguir el ejemplo de los españoles y portugueses y establecieron sus propias colonias en América y en los confines de África y Asia. A menudo se enfrentaron a las civilizaciones nativas de esos lugares con hostilidad e ignorancia. Sorprendentemente, los colonizadores europeos no impusieron de forma significativa la parte de mentalidad bruja del cristianismo en sus nuevas colonias, a pesar de que los colonizadores europeos podrían haber identificado fácilmente los sistemas religiosos indígenas con un ataque diabólico al cristianismo. Aunque algunos europeos consideraban que las deidades nativas eran demonios, la tendencia dominante era tratar las creencias locales como falsedades supersticiosas. Los colonizadores cristianos incluso trataban las tradiciones nativas de magia y brujería como supersticiones sin poder y no como desastres inminentes. Estas creencias debían ser eliminadas, pero no mediante la caza y las ejecuciones. Así, la caza de brujas se limitó en gran medida a Europa; sólo unas pocas cazas de brujas afectaron a los pueblos nativos durante la expansión mundial de Occidente.

Los gobiernos que empezaron a conquistar el mundo experimentaron con las tendencias centralizadoras del estado moderno temprano.

Los regímenes centrales se habían vuelto más poderosos y eficaces que nunca. El absolutismo, o la concesión del poder supremo al monarca, se convirtió en el estilo de gobierno más popular en Europa. El parlamentarismo, o el ejercicio de la autoridad a través de delegados elegidos, se desarrolló en un puñado de países, como Suiza, los Países Bajos y Gran Bretaña. Sin embargo, ya sea a través de un gobernante o de muchos representantes, los gobiernos centrales dependían cada vez más de burócratas designados y educados para gestionar eficazmente los impuestos, las obras públicas, la aplicación de la ley, la diplomacia y la guerra. Los gobiernos se beneficiaron de la creciente riqueza creada por el crecimiento económico capitalista, las innovaciones en la tecnología pacífica y marcial, y el deseo de la gente de tener una sociedad estable en una época de cambios.

Una revolución práctica en el sistema jurídico hizo que las leyes pasarán de la justicia privada al orden público. El Estado asumió la responsabilidad de hacer cumplir la ley, ejerciendo el monopolio de la violencia letal. El crimen no perjudicaba tanto a los individuos como a la "mancomunidad" o al propio Estado. Por ello, estos regímenes llevaban a cabo la caza de brujas, o no, como parte de sus funciones oficiales. A veces, el régimen central abrazaba la caza, quizá para reforzar su legitimidad o dividir a sus enemigos.

Con mayor frecuencia, los tribunales superiores tendían a frenar, moderar o disminuir la dureza de las cacerías.

Los burócratas educados y los juristas solían ver los defectos de la caza con más claridad que los insignificantes magistrados locales. Cuando los celos, las rivalidades y los temores locales provocaban acusaciones y procesamientos, los modernos poderes judiciales centralizados podían analizar con más frialdad las pruebas, el procedimiento y las consecuencias de la caza. A la larga, acabarían con la caza por completo.

. . .

LA REFORMA

Las graves divisiones religiosas en Europa dividieron a los cristianos justo después de que se estableciera la caza de brujas. La Iglesia católica de Europa occidental había sido dominada administrativa y espiritualmente por el papado en Roma durante siglos. En 1517, Martín Lutero instigó en Alemania una revuelta antipapal, iniciando una nueva dirección para el cristianismo llamada protestantismo. Los calvinistas de Juan Calvino y los anglicanos de Inglaterra pronto se unieron a los luteranos de Lutero en la separación de sus iglesias cristianas de la autoridad papal romana.

También se multiplicaron grupos religiosos más pequeños, a menudo llamados colectivamente anabaptistas.

El impacto de la Reforma en la caza de brujas ha sido muy examinado por los estudiosos, teniendo en cuenta la coincidencia en el tiempo. Cuando el conflicto religioso alcanzó el nivel de las llamadas Guerras de Religión, entre 1550 y 1660, también tuvo lugar el periodo más cruento de la caza de brujas. Las diferencias en las creencias religiosas, ya sea católica romana contra protestante, o protestante contra protestante, motivaron a los estados a librar guerras entre sí.

Durante estas décadas, católicos romanos, luteranos, calvinistas y anglicanos por igual cazaron brujas. Sorprendentemente, solían cazar a sus propios fieles, no a los de los otros credos. Sólo las pequeñas sectas de anabaptistas parecían no creer en la brujería ni temerla. Quizá los anabaptistas no sentían la necesidad de culpar a las brujas, porque todos los demás tipos de cristianos las perseguían.

Las persecuciones de brujas dentro de las denominaciones cristianas podrían explicarse por la necesidad de vigilar a los fieles. Los fanáticos perseguían cualquier desviación de la línea oficial de su creencia particular, ya fuera en los sacramentos, la idolatría, la moral personal o la brujería. A los reformadores les preocupaba legítimamente que las prácticas mágicas se desviaran de la doctrina religiosa adecuada y milagrosa. Hacer un pacto con el Diablo violaba el Primer Mandamiento de no tener otros dioses. Lutero, Calvino y muchos papas declararon que las brujas eran un peligro real.

. . .

Esta mayor sensibilidad hacia el pecado provocó, sin duda, algunas cacerías. La teología demoníaca, la sospecha mutua y los procedimientos inquisitoriales prolongaron aún más las cacerías alentadas por los líderes religiosos de los distintos estados.

ESTADOS MODERNOS

A mediados del siglo XVII, sin embargo, los europeos habían empezado a dejar de utilizar las diferencias religiosas como motivación para la guerra. El monopolio cultural de una Iglesia cristiana organizada se había roto irremediablemente. Eso abrió una oportunidad para nuevas formas de pensar sobre lo natural y lo sobrenatural. Al igual que los europeos habían aceptado la división política de la cristiandad, comenzaron a tolerar la diversidad religiosa e intelectual. El Tratado de Westfalia, que puso fin a la peor de las guerras religiosas, la Guerra de los Treinta Años (1618-1648), estableció un frágil sistema de equilibrio de poder bajo el que Europa funcionaría durante los siguientes siglos.

En este equilibrio de poder, cada Estado se consideraba soberano e independiente.

. . .

Entre las grandes potencias, como Inglaterra, Francia y Austria, se interponían pequeños estados tapón, como los Países Bajos holandeses, los Países Bajos españoles (Bélgica) y Suiza. Italia permaneció ocupada y dividida hasta el siglo XIX. España y Portugal se aferraron a sus imperios, pero su estatus de Gran Potencia se marchitó. Al desaparecer la era de las guerras de religión en 1660, la caza de brujas entró en un largo y lento declive, hasta desaparecer por completo en 1800. La preocupación por la criminalidad neutra (robos, asesinatos, etc.) superó a los delitos relacionados con los pecados de los moralistas religiosos.

Las autoridades buscaban acusar a las mujeres de infanticidio, no de brujería.

Sin embargo, las franjas del norte y del este de Europa retomaron la caza a medida que ésta disminuía en Europa occidental. Los estados de esa zona se fueron integrando en los círculos políticos, económicos y culturales de Europa.

Rusia, Prusia y Austria, así como el Imperio Otomano musulmán, se repartieron entre ellos los diversos pueblos de Europa oriental. El reino de Polonia-Lituania había sido durante unos siglos el mayor estado de Europa, pero

Prusia, Austria y Rusia se repartieron Polonia entre ellos en la última década del siglo XVIII. El ascenso de Rusia después de 1600 la convirtió en una de las grandes potencias de Europa, especialmente después de derrotar a Suecia a principios de 1700.

Rusia se convirtió en el principal estado con mayoría de creyentes ortodoxos orientales después de que el ascenso del Imperio Otomano hubiera conquistado a la mayoría de los ortodoxos griegos. En el norte, Suecia había superado brevemente a sus vecinos Dinamarca y Noruega, alcanzando casi el estatus de Gran Potencia como resultado de sus victorias y conquistas durante la Guerra de los Treinta Años.

Los conceptos culturales de brujas peligrosas promovidos por los intelectuales de Europa occidental llegaron a Europa oriental y fluyeron con un proceso llamado occidentalización. Los gobernantes del norte y del este de Europa adaptaron lo que funcionaba en las grandes potencias de Europa occidental y central. Los Estados marginales absorbieron y reelaboraron innovaciones como sistemas jurídicos más sólidos, burocracias administrativas y prácticas económicas capitalistas. Así, los regímenes del norte y el este de Europa adoptaron, de forma limitada, ideas y prácticas de caza de brujas. Sólo el

Imperio Otomano se apartó cada vez más de las ideas occidentales.

LA REVOLUCIÓN CIENTÍFICA

A medida que las guerras de religión disminuían, un nuevo método científico se alzaba para competir con la religión en su poder explicativo sobre el universo. El interés por la ciencia comenzó cuando los intelectuales forjaron nuevas técnicas para examinar el mundo natural.

El método científico permitió explicar los fenómenos naturales mediante la experimentación y la observación repetidas. Los científicos podían entonces diseccionar las causas de los fenómenos naturales con más precisión que nunca antes en la historia. Así, los científicos explicaron que una tormenta de granizo era el resultado del choque de una masa de aire caliente con otra fría, en lugar de ser provocada por una deidad enfadada, un Dios generoso o una bruja malévola. Igualmente revolucionario fue el cambio de actitud hacia lo sobrenatural. Los científicos no podían examinar las fuerzas sobrenaturales, precisamente porque no eran medibles, cuantificables o repetibles. Se abandonó la astrología por la astronomía; la "filosofía natural" por la física. El método científico influyó en el desarrollo del método histórico, que los historiadores modernos utilizan para explicar el pasado.

· · ·

La Revolución Científica se convirtió en la innovación intelectual más importante de la época, permitiendo a la humanidad un mayor conocimiento y control sobre la naturaleza que nunca antes. La visión científica impulsó la secularización, utilizando criterios no religiosos para determinar los valores y prioridades de la sociedad. Este cambio debilitó la capacidad de la doctrina cristiana de declarar a las brujas como peligrosas. El método científico también proporcionó un medio para probar si las brujas realmente poseían poderes mágicos sobre la naturaleza.

Tanto entonces como ahora, todas las pruebas científicas han fracasado en demostrar que las brujas tienen algún tipo de efecto sobre los fenómenos naturales. Estos resultados contribuyeron al declive de la caza de brujas.

LA ILUSTRACIÓN

Las ideas de la Revolución Científica culminaron en la Ilustración, que difundió las opiniones científicas por toda la cultura y la sociedad europeas. Muchos intelectuales de la Ilustración, llamados philosophes, consideraban que el racionalismo y el empirismo, la doctrina de que todo conocimiento se deriva de la experiencia sensorial, eran luces brillantes que disipaban la oscuridad de la duda y la ignorancia. Esperaban el progreso humano hacia una vida mejor en este mundo a través de la difusión de la ciencia. La Ilustración coincidió con el fin de la caza de brujas y, de manera significativa, las ideas ilustradas contribuyeron a su terminación.

En primer lugar, muchos líderes de la sociedad rechazaron los dogmas tradicionales de la religión. Incluso empezaron a criticar los abusos supersticiosos de la religión, si no la propia religión. Algunos se declararon agnósticos. Otros se convirtieron en ateos declarados.

Muchas de las élites se convirtieron en deístas que aceptaban a un Dios que creó el universo, pero no a uno que intervenía regularmente con milagros, especialmente a través de la encarnación de su Hijo divino, Jesucristo. Lo que mantenía el universo en funcionamiento no era la mano de Dios, sino las leyes de la naturaleza, cuyas funciones regulares podían ser reveladas por la ciencia y comprendidas por la razón. Esta actitud hacia las leyes de la naturaleza reforzaba el escepticismo sobre el lanzamiento de hechizos dañinos por parte de las brujas.

Incluso los líderes religiosos que aceptaron la dimensión sobrenatural contribuyeron al secularismo al "desencantar" el mundo natural. La enseñanza cristiana volvió a rechazar la realidad de la magia. La actitud original y tradicional del cristianismo hacia lo sobrenatural se reafirmó: las creencias en hadas, espíritus, amuletos y hechizos eran meras tonterías supersticiosas. Sólo importaba la participación milagrosa de Dios en la creación, mientras que el Diablo y los demonios desempeñaban un papel limitado dentro del ámbito sobrenatural. Con ello, los líderes cristianos redujeron el conflicto con la ciencia y reconocieron el éxito de la experimentación empírica. Dentro del creciente secularismo, la fe defendía en gran medida lo esencial del cristianismo, del que las brujas nunca habían formado parte.

En segundo lugar, los déspotas y parlamentarios ilustrados reformaron los sistemas jurídicos de toda Europa.

Estas reformas protegieron los derechos de los acusados mediante métodos más cuidadosos de procedimiento legal. En particular, las normas sobre las pruebas comenzaron a actuar contra las confesiones fantásticas de las brujas. Los juristas abandonaron el concepto de crimen exceptum que había permitido a las autoridades violar los procedimientos legales. También se desarrollaron las leyes de calumnia, que, como la antigua lex talionis, desalentaban las acusaciones infundadas. Y como todas las acusaciones de brujería que causaban un daño real eran, por definición, infundadas, el número de casos disminuyó.

. . .

El cese de la tortura judicial seguramente dificultó el pánico a las brujas. El humanitarismo, o el trato decente a otras personas, funcionó en contra de la tortura, simplemente por el principio de que uno no querría que se infligiera tal dolor a ningún ser humano. La caza de brujas terminó cuando los procedimientos legales y los cambios políticos, sociales y económicos cambiaron los intereses y la capacidad de los líderes para llevar a cabo las cacerías.

Las críticas ilustradas al gobierno abusivo culminaron en la Revolución Francesa, a partir de 1789. En 1800, los ejércitos franceses de Napoleón y la marina británica se disputaban el poder político e ideológico en Europa y en todo el mundo.

Cuando los cañones dejaron de disparar en 1815, la caza de brujas europea dejó de existir.

Desde los Montes Urales de Rusia, pasando por Europa, hasta los nuevos estados de América del Norte y del Sur al otro lado del Atlántico, la caza de brujas por parte de los gobiernos había cesado. Los historiadores e intelectuales empezaron a olvidar lo ocurrido, en parte por vergüenza, en parte por falta de interés.

Aunque la Edad Media había terminado supuestamente hacia 1400, la caza de brujas proyectó su sombra sobre los asuntos europeos durante los cuatrocientos años siguientes.

Durante esos siglos, la gente estaba convencida de que estaba haciendo el trabajo de Dios al acusar, torturar y castigar a las supuestas brujas. La persecución de personas por un crimen manifiestamente imposible se acabó después de 1800. Los siguientes capítulos devuelven a la luz del día esas oscuras persecuciones.

LA CAZA DE SALEM

El juicio de brujas más famoso, más mortífero y más estudiado de las colonias británicas tuvo lugar en Salem, Massachusetts, en 1692. Su singular desarrollo e intensidad lo distinguen de otras cacerías en América.

Para tratar de explicar los extraños acontecimientos de Salem, los historiadores han ofrecido una variedad de teorías que compiten entre sí y que se hacen eco de muchas de las ofrecidas para otras cacerías. Los perseguidores, en su exceso de religiosidad del puritanismo, creían realmente que el Diablo quería las almas de las personas y que las mujeres eran más fáciles de atrapar que los hombres. Los temores políticos habían aumentado por la

Guerra Civil en Inglaterra, por la suspensión de la carta de gobierno de Massachusetts y por los recientes combates con los indios. Los grupos de acusadores y víctimas reflejaban las tensiones sociales entre las distintas facciones de la aldea y la ciudad de Salem en torno a la propiedad y el prestigio. Algunas mujeres parecen haber sido objeto de ataques debido a la actitud de que a las mujeres no se les debe permitir tener propiedades. A las muchachas torpes que se enfrentaban a la adolescencia y a la sexualidad les gustaba recibir atención. De forma menos plausible, algunos historiadores creen que el pánico pudo surgir de una enfermedad. La encefalitis propagada por las aves migratorias, el cornezuelo ingerido en el pan de centeno mohoso o las convulsiones y alucinaciones producidas por la hierba Jimson, utilizada para tratar los ataques, se han utilizado para explicar algunos síntomas, pero difícilmente pueden abarcar a todas las víctimas y autores de la cacería. En cualquier caso, los crecientes temores llevaron a ciudadanos normalmente circunspectos y tranquilos a ignorar el sentido común y el procedimiento penal adecuado. El pánico provocó la muerte de inocentes.

Antes de 1692, la caza de brujas no había sido habitual en Nueva Inglaterra. Sólo se habían producido un centenar de casos en los cincuenta años anteriores, y probablemente sólo una cuarta parte de esos casos habían acabado en ejecuciones. En la mayoría de estos juicios se acusaba a una bruja que ya era el centro de los resentimientos y problemas locales. En Salem, cualquiera podía ser acusado. Por lo tanto, la cacería en Salem fue excepcional, según cualquier estándar en las colonias. Las cacerías se salieron de control en Alemania o Francia, e incluso en Inglaterra, pero fuera de Salem, tales pánicos simplemente no ocurrieron en América.

La cacería de Salem comenzó durante el invierno de 1691-1692 en la casa de Samuel Parris, un ministro puritano. Su hija Elizabeth, de nueve años, y su sobrina Abigail Williams, de once años, comenzaron a mostrar un comportamiento extraño.

Tenían ataques de violencia que se alternaban con catatonia congelada, y pronunciaban lenguas extrañas. El médico local, William Griggs, sugirió que la brujería era la causa de su enfermedad. Recomendó la oración y el ayuno como cura, aunque los Parrises ya lo habían hecho. La propia sobrina de Griggs, Elizabeth Hubbard, de diecisiete años, y su amiga, Ann Putnam, de doce años, también comenzaron a mostrar síntomas similares.

El comportamiento posesivo de las chicas empezó a extenderse entre otros adolescentes de la zona.

. . .

Mary Sibley, feligresa de Parris y tía de una de esas niñas, Mary Walcott, intentó otra solución: combatir la brujería con brujería. Acudió a la criada de los Parris, posiblemente esclava, Tituba y a su marido, el indio John.

Mary Sibley les pidió que hicieran un pastel de bruja. Este extraño artículo de pastelería, que incluía la orina de las niñas embrujadas, se le dio de comer al perro de los Parrises, que debía olfatear a la bruja que había hechizado a las niñas. Los ataques de las niñas empeoraron después de este intento de contramagia. Unos días después, un indignado Samuel Parris presentó cargos legales formales, y los arrestos comenzaron el 29 de febrero de 1692.

Las tres primeras brujas de la caza de Salem fueron Tituba, Sarah Good y Sarah Osborne. Tituba y su marido son figuras misteriosas y fascinantes.

Ella y el indio John parecen haber sido una mezcla de herencia caribeña y africana. Probablemente trajeron creencias mágicas de sus culturas tropicales de las Indias Occidentales. Tituba había servido en la casa de los Parris, a menudo cuidando a los niños.

. . .

Muchos historiadores han sugerido que sus cuentos exóticos, quizás teñidos de vudú, habían ayudado a plantar fantasías de posesión en las impresionables mentes de Elizabeth Parris y Abigail Williams. Sin embargo, no está claro hasta qué punto Tituba y el indio John influyeron en las niñas.

Sin embargo, bajo la presión de las autoridades de Salem, Tituba confesó haber hecho tratos con el Diablo e inmediatamente nombró a otras brujas. El Diablo, un hombre blanco vestido de negro, le hizo firmar su libro. También dijo que vio a otras brujas transformarse en animales y que ella misma voló sobre un poste.

Tituba acusó a dos parias sociales, Sarah Good y Sarah Osborne, como compañeras brujas que hacían daño a los niños. Sarah Good, de cuarenta años, procedía originalmente de una familia próspera, pero sus malas decisiones en materia de matrimonio e inversiones la habían endeudado profundamente. En 1692, ella y su familia vagaban sin hogar, parias de la comunidad, dependientes de la caridad.

Su propio marido, William, y su hija, Dorcas, testificarían contra ella, aunque su embarazo, posiblemente de un hijo ilegítimo, retrasó su sentencia. Aunque Sarah Good negó en un principio ser una bruja, también acusó a la tercera mujer, Sarah Osborne, de pellizcar a las niñas. Sarah Osborne era una viuda anciana con algunas propiedades, pero su comportamiento había escandalizado a sus vecinos.

Había vivido abiertamente con un amante de clase baja, un sirviente irlandés, Alexander Osborne.

También había intentado desheredar a sus propios hijos legítimos de su difunto marido. Las tres de este primer grupo de brujas acusadas eran miembros marginales de la comunidad, aisladas de la sociedad "decente". Su baja condición social daba credibilidad a sus supuestos tratos con el diablo.

En una audiencia pública celebrada en la casa de reuniones del pueblo al día siguiente de las primeras detenciones, las niñas poseídas testificaron contra las tres mujeres. El testimonio más condenatorio fue a través de pruebas espectrales.

Como se vio en los juicios de Lowestoft, el tribunal aceptó como un hecho lo que las niñas decían haber visto y experimentado debido a los espíritus enviados por las brujas. Las pruebas podían darse a través de la ecomanía, la imitación cuidadosa de los movimientos de la supuesta bruja; la mirada, la caída en los ataques si la bruja miraba a la víctima; y el tacto, los ataques que terminaban cuando la bruja tocaba a la víctima. Las niñas contaban que eran torturadas por los espíritus de las brujas acusadas, que las pinchaban o retorcían sus cuerpos por la noche.

Las brujas obligaron a las niñas a firmar el libro del Diablo.

Observaron a las brujas amamantando a familiares de las marcas de la bruja. Los gritos y ataques de las niñas convencieron a las autoridades de la corte y a los espectadores.

Más personas cayeron bajo investigación, ya que la cacería pronto se extendió a otras figuras más respetables. El ex ministro Rev. George Burroughs, que se encontraba en Maine, fue acusado de aparecerse en espíritu y admitir haber asesinado a sus dos primeras esposas. Las pruebas utilizadas para condenarlo incluían testimonios sobre su inusual fuerza para levantar barriles de melaza y sostener pesadas armas. John Proctor fue arrestado por acompañar a su esposa al tribunal, donde las chicas se centraron en él.

. . .

Rebecca Nurse, una respetada esposa de setenta años de un rico granjero, permaneció desconcertada mientras varias acusadoras gritaban, gemían y caían en ataques mientras los interrogadores la acusaban de afligirlas. Incluso la madre de treinta años de la joven Ann Putnam afirmó que Nurse se le apareció con la sospechosa Martha Corey el 19 de marzo, "y ambas me torturaron muchas veces este día con tales torturas que ninguna lengua puede expresar, porque no cedí a sus infernales tentaciones, que, de no haber sido sostenida por el brazo del Todopoderoso, no habría podido vivir [la] noche." 10 Tal vez debido a los testimonios contradictorios y a su buena reputación, el jurado declaró en un principio a Nurse inocente, pero el juez le obligó a reconsiderar su decisión.

Incluso un intento de indulto por parte del gobernador no logró salvarla, debido a las protestas de los ministros que la excomulgaron.

Algunas mujeres, además de Tituba, sí confesaron, por ejemplo Abigail Hobbs y su madrastra, Deliverance Hobbs. Esta última testificó haber asistido a una reunión en la que los Proctors, los Coreys, Goody Nurse y la posadera Bridget Bishop conspiraron para embrujar a todo el pueblo. El reverendo Burroughs supuestamente selló el complot con un reparto de sacramentos blasfemos de pan rojo y vino rojo con sabor a sangre. Las confesiones libres, y falsas, probablemente se debieron a dos causas.

. . .

Primero, la gente interiorizaba lo que se les decía. Sabían que ciertamente habían pecado de alguna manera. Pocos podían resistir la rigurosa e imponente presión de las autoridades y los vecinos. En segundo lugar, algunos pensaban que si confesaban, serían castigados levemente, al menos en Salem, donde más de cincuenta de los confesos obtuvieron la libertad. Sólo los que se negaban a confesar acababan en la cárcel o en el extremo de una soga.

Finalmente, el número de acusados llegó a 165, aunque sólo se presentaron cargos graves contra treinta y nueve personas, la mayoría de las cuales eran mujeres menores de la edad de veintitrés años.

El gobernador William Phips convocó en mayo un Tribunal especial de Oyer and Terminer ("oír y determinar") para conocer los casos. Cada vez que un acusado intentaba dar testimonio, las acusadoras afligidas en la sala del tribunal se lamentaban, chillaban y gritaban sobre apariciones y ataques de espectros.

Una búsqueda de marcas de brujas en Bishop, Nurse y Proctor durante la mañana del 2 de junio encontró una "preternaturaleza de carne entre el pudendum y el ano muy parecida a Tetts y no habitual en las mujeres...", pero por la tarde un segundo examen sólo encontró piel seca. Un juez dimitió en junio, negándose a seguir con los procedimientos impropios, incluso extraños. Sorprendentemente, un fiscal le sustituyó inmediatamente. Las condenas prosiguieron con facilidad, dada la aceptación de las pruebas espectrales y la escasa defensa legal que se permitió a los acusados. Los testimonios y las peticiones de los vecinos sobre el buen carácter de alguien fueron ignorados, mientras que los chismes y las afirmaciones de las adolescentes sobre los ataques de los espíritus convencieron al tribunal y a muchos espectadores.

El primer ahorcamiento, el de Bridget Bishop, tuvo lugar el 10 de junio. Le siguieron Rebecca Nurse y Sarah Good, cuyo bebé había muerto en prisión poco después de nacer, el 19 de julio. Otra hija de Good, Dorcas, de cuatro años, obtuvo la libertad, pero nunca volvió a estar bien después de estar encadenada durante siete meses en una fría cárcel. Sarah Osborne murió en prisión. Ninguna había confesado ser bruja.

La muerte más famosa fue la de Giles Corey, que se negó a decir nada, y mucho menos a confesar. La notoriedad de Corey radicaba en que su tercera esposa, Martha Corey, había tenido un hijo ilegítimo, evidente por su color de piel y de pelo no inglés. No obstante, Corey había aceptado al niño como propio. Una vez que las autoridades le acusaron de brujería, Corey se negó a declararse culpable o inocente.

Se negó a participar con el tribunal de cualquier manera, tal vez para proteger su propiedad de la confiscación y ciertamente para evitar cualquier implicación en la brujería. Así que, el 16 de septiembre, las autoridades decidieron torturarlo con presión. Lo tumbaron en una plataforma de madera mientras le ponían otro marco de madera en el pecho. A continuación, las autoridades añadieron piedras, que pesaban sobre él, impidiéndole lentamente respirar.

Cuenta la leyenda que cuando el magistrado le pidió por última vez que se declarara, lo único que Corey pidió fue "más peso". Al segundo día ya estaba asfixiado. Su mujer y su hija fueron ahorcadas el 22 de septiembre con otras seis personas.

Algunos de los que se negaron a confesar sobrevivieron.
    Elizabeth Proctor sobrevivió porque estaba embarazada. Su marido, John, describió en una carta la tortura de su hijo William, al que colgaron boca abajo durante veinticuatro horas hasta que le salió sangre por la nariz.

El propio Proctor murió dignamente en el cadalso, después de desheredar a su mujer, quizá en un intento de evitar que le confiscaran los bienes, ya que esperaba que la ejecutaran tras el nacimiento del niño. El reverendo George Burroughs defendió su inocencia con un discurso y oraciones, incluyendo la recitación impecable del Padre Nuestro en el patíbulo el 19 de agosto, al lado de John Proctor y varios otros. Cotton Mather asistió a las ejecuciones de ese día y las aprobó ante la multitud, aunque los gritos que se dice que dio a Burroughs son un adorno posterior de la historia.

Para el 22 de septiembre, veinte personas habían sido oficialmente ejecutadas, y el círculo de acusados crecía. La esposa del gobernador estaba implicada, al igual que el reverendo Samuel Willard, que había documentado la posesión en 1671 de Elizabeth Knapp.

Afortunadamente para las víctimas, las fuerzas empezaron a alinearse para acabar con la cacería.

Increase Mather, presidente de la Universidad de Harvard y padre de Cotton Mather, ya había opinado con Casos de conciencia sobre espíritus malignos que persiguen a los hombres (1692).

Pensó que era mejor que diez sospechosas de brujería

quedaran libres antes que una persona inocente fuera declarada falsamente culpable. Mientras tanto, habló con importantes funcionarios de la capital, incluido el gobernador Phips.

El 12 de octubre, el gobernador decretó una moratoria sobre la caza. El 26 de octubre clausuró el Tribunal de Justicia, liberó a las personas investigadas y exoneró a la mayoría de los condenados.

Sin embargo, los que habían pasado por la cárcel, o sus familiares, seguían teniendo que pagar los costes de su mantenimiento. Una pobre mujer, Margaret Jacobs, languideció en la cárcel hasta que un ciudadano pagó sus honorarios. La esclava Tituba intentó retractarse. Se le perdonó la vida, pero fue vendida a otro amo, para pagar los gastos de la cárcel. El indio John parece haber escapado del juicio, pero no se sabe nada más de su vida después de estos acontecimientos. La hija de la pareja, Violeta, permaneció en la casa de los Parris. En 1693, el gobernador emitió un indulto general. El recuento de la cacería fue de cuatro muertos en prisión, uno presionado hasta la muerte y diecinueve ahorcados, además del trauma continuo para los acusadores, funcionarios, amigos, familia y público en general.

. . .

Bajo la influencia del pánico, la legislatura de Massachusetts aprobó en diciembre de 1692 una ley que reforzaba la persecución de la brujería, pero tres años después el régimen real de Londres la vetó. En 1696, la legislatura convocó un día de oración y ayuno para pedir perdón por los errores cometidos. El juez Samuel Sewall, angustiado por su papel, encabezó el ayuno el 14 de enero de 1697. En los primeros años de la década de 1700, los jurados del tribunal y muchas de las acusadoras también se retractaron, pidieron perdón y expresaron su arrepentimiento por la caza de brujas en Salem. En 1706, Ann Putnam culpó a Satanás, no por causar el embrujamiento, sino por engañarla haciéndole creer que había sido embrujada y llevándola a acusar a la gente falsamente. En 1711, el gobierno había pagado una indemnización a las familias de las víctimas, compensándolas oficialmente por el error judicial. Todas estas disculpas y admisiones de error ayudaron a evitar nuevas cacerías.

Otro participante en el juicio de Salem, el reverendo John Hale, trató de resolver sus consecuencias en su Modest Enquiry into the Nature of Witchcraft (Modesta investigación sobre la naturaleza de la brujería), publicado póstumamente en 1702. Hale había estado presente en algunos de los exámenes y juicios y había aportado pruebas contra las brujas acusadas. Sin embargo, en pocos años se convirtió en un crítico de la conducta de los juicios, si no de su propósito. Admitió que se habían cometido errores al condenar o absolver a personas sobre la base de pruebas similares e insuficientes: "... era tal la oscuridad de aquel día, las torturas y los lamentos de los afligidos, y el poder de los [precedentes] anteriores, que caminábamos en las nubes y no podíamos ver nuestro camino".

Ofreció la sugerencia de unas normas más estrictas y complicadas de La caza de brujas en los reinos británicos pruebas, que podrían evitar cualquier futura condena errónea de personas inocentes por brujería. No obstante, Hale seguía advirtiendo de los peligros de los adivinos, las brujas maléficas y los tormentos de Satanás.

2

Los puritanos del Mayflower

Para entender los Juicios de las Brujas de Salem, primero debemos entender la sociedad en la que ocurrieron. Los juicios tuvieron lugar en la colonia británica de Massachusetts, en una comunidad de puritanos. Los puritanos eran una secta cristiana que apareció a mediados del siglo XVI.

La aparición de los puritanos formó parte de la historia más larga de la Reforma Protestante y de la religión en la era moderna temprana. La Reforma Protestante comenzó en 1517, cuando un monje agustino alemán llamado Martín Lutero publicó sus Noventa y cinco Tesis, que eran esencialmente una lista de acusaciones contra la Iglesia Católica. Alegaba que la Iglesia Católica se había alejado demasiado de las enseñanzas de Jesucristo y de la Biblia y que debía ser reformada. Sus acciones provocaron un polvorín en Europa, causando una gran agitación social, política y, por supuesto, religiosa.

Las innumerables causas y consecuencias de la Reforma Protestante son demasiado complejas para el alcance de esta narración. Dicho esto, una de las principales razones por las que la Reforma se extendió tan ampliamente fue la invención de la imprenta y la difusión de todo tipo de conocimientos, entre ellos la propia Biblia. A medida que más y más personas leían la Biblia, se dieron cuenta de que muchas prácticas y doctrinas católicas no tenían una base bíblica estricta. Los líderes de la época también reconocieron las ventajas que se obtenían al romper con el control de la Iglesia Católica y el Papado.

Tras el inicio de la Reforma, surgieron nuevas iglesias cristianas y organizaciones eclesiásticas. Los puritanos fueron el resultado de ese fenómeno, así como de la Reforma Inglesa. La leyenda sostiene que el rey Enrique VIII de Inglaterra se separó del catolicismo para formar su propia Iglesia de Inglaterra porque el Papa Clemente VII le negó su petición de anulación en 1527. Sin embargo, el contexto social, político y religioso de este acontecimiento es mucho más complicado que eso, aunque, de nuevo, no tenemos espacio para explorar los detalles en esta narración.

. . .

Este cisma religioso provocó una gran agitación en Gran Bretaña (y en el resto de Europa), ya que los siguientes monarcas británicos vacilaron entre el catolicismo y el protestantismo.

Mientras se producía esta agitación, diferentes grupos de ciudadanos británicos estaban en desacuerdo con la forma de proceder de las reformas religiosas. Muchos estaban de acuerdo en que la Iglesia Católica Romana se había alejado demasiado de la doctrina bíblica real, pero no estaban de acuerdo con las medidas que la Iglesia de Inglaterra había tomado para rectificar el problema. Creían que era necesario tomar más medidas.

Fue en gran parte debido a esta creencia que el calvinismo, el origen del puritanismo, fue fundado por Juan Calvino a principios de la Reforma. Los calvinistas creían que eran necesarias reformas más extremas de la Iglesia católica para estar a la altura de las normas que creían que Dios establecía para su pueblo en la Biblia. Los puritanos eran similares a los calvinistas en sus creencias; principalmente, lo que los diferenciaba de los calvinistas era que llegaron más tarde y surgieron de la insatisfacción con la Iglesia de Inglaterra, más que del catolicismo directamente. Creían que la Reforma dentro de Gran Bretaña tampoco había ido lo suficientemente lejos y que quedaban demasiados vestigios de enseñanzas y prácticas católicas no bíblicas.

A medida que se desarrollaban los complejos acontecimientos en Gran Bretaña, los puritanos se encontraban constantemente atrapados en la contienda. Tanto si el monarca en el trono dirigía la Iglesia de Inglaterra como si volvía a poner temporalmente el país bajo la jurisdicción católica, los puritanos eran atípicos y sufrían persecución.

Durante el reinado del rey Jaime I, en las dos primeras décadas del siglo XVII, muchos puritanos emigraron a los Países Bajos, donde podían practicar sus creencias religiosas con mayor libertad. Sin embargo, la vida no era perfecta en los Países Bajos. A medida que pasaba el tiempo, los puritanos veían cómo sus hijos adquirían una cultura cada vez más holandesa. Temían que la influencia de los Países Bajos en sus hijos usurpara la suya. Además, la mayoría de ellos habían sido agricultores en Gran Bretaña. Cuando se trasladaron a Holanda, se instalaron en las ciudades y tuvieron que convertirse en trabajadores de uno u otro tipo. En conjunto, añoraban su antigua vida.

Por lo tanto, se tomó la decisión de intentar un asentamiento en América del Norte. Esta empresa no fue nada fácil. En 1620, 102 pasajeros zarparon en el Mayflower. Tras diez agotadoras semanas, desembarcaron en el actual Massachusetts y fundaron la colonia de Plymouth.

Desembarcaron en noviembre, lo que fue muy desafortunado, ya que los inviernos en Nueva Inglaterra eran (y son) brutales. Sólo la mitad de los pasajeros originales del Mayflower sobrevivieron hasta la primavera, y lo hicieron sólo gracias a la generosa ayuda de los pueblos nativos locales.

Tras sobrevivir al invierno inicial, los puritanos lograron establecer un asentamiento en el Nuevo Mundo.

En un par de años, la población aumentó. En 1629, el rey Carlos concedió una carta para la Colonia de la Bahía de Massachusetts. Al año siguiente, comenzó la Gran Migración Puritana, que duró unos diez años. Incluso después de 1640, la población puritana siguió creciendo en Massachusetts, pero se debió más a los nacimientos que a la migración.

La vida en Nueva Inglaterra no era fácil, y el hecho de que los puritanos se las arreglaran no sólo para sobrevivir sino también para prosperar es un testimonio de su ética de trabajo. Aunque la tierra era amplia y fértil, los inviernos eran extremadamente duros. La mayoría de los puritanos pasaban casi todo su tiempo durante los meses más cálidos trabajando en el cultivo de alimentos y en la producción de artículos de primera necesidad como la ropa. El resto del tiempo lo dedicaban al culto.

La visión puritana del mundo lo dictaba todo en sus vidas. Los puritanos creían que tenían la responsabilidad de crear la comunidad ideal de Dios en la tierra y que habían sido especialmente designados por Dios para hacerlo. Si tenían éxito en este empeño, Dios actuaría favorablemente con ellos, pero si fracasaban, sería debido a sus propios defectos y a la ira de Dios por sus fallos.

Los puntos de vista escatológicos de los puritanos eran complejos y cambiaron con el tiempo.

En general, los puritanos creían en la Segunda Venida.

Esto significaba que creían que la historia estaba preordenada y que en algún momento en el futuro (típicamente, pensaban en un futuro cercano), Jesucristo regresaría a la tierra, purificaría el mundo del pecado y de los pecadores, y establecería su reino en la tierra para toda la eternidad. Ostensiblemente, esta era una perspectiva esperanzadora: la guerra, el dolor, la lucha y el sufrimiento desaparecerían pronto en favor de un cielo literal en la tierra. Pero los puritanos también sostenían que esto sólo ocurriría una vez que el proceso fuera iniciado por sus propios seguidores. Por lo tanto, era su responsabilidad purificar la tierra en preparación para su venida.

Además, los puritanos creían en la predestinación de las almas. Esto significaba que creían que Dios ya había determinado quién se salvaría y ascendería al cielo y quién se condenaría para ser arrojado al infierno y sufrir por toda la eternidad. Aunque en la superficie esto puede parecer liberador (la idea de que no hay nada que puedas hacer para "ganarte" la gracia de Dios), en realidad, funcionaba como un poderoso mecanismo de control social. Los puritanos se veían obligados a conformarse para demostrar a su sociedad que estaban entre los benditos y no entre los condenados y para evitar el ostracismo e incluso la excomunión. Se convirtió en una fuerza aún más poderosa en el Nuevo Mundo, ya que no había ningún otro lugar al que acudir si la comunidad decidía que eras peligroso.

En términos de la vida cotidiana, esto llevó a una forma de vida austera y sombría. Los puritanos no celebraban las fiestas seculares ni los cumpleaños, ni siquiera la mayoría de las fiestas religiosas como la Navidad o las fiestas de los santos. Esto contrastaba con la mayor parte del mundo cristiano de la época; las fiestas locales daban lugar a juergas extravagantes que a menudo duraban días. Asimismo, no creían en la complacencia de los niños; más bien, era responsabilidad de los padres acerar a sus hijos al mal del mundo disciplinando sus inclinaciones naturales a las expresiones externas de alegría. Los bailes y otras actividades de este tipo solían estar prohibidos. Además, en la época de los juicios a las brujas de Salem, la sociedad puritana se estaba volviendo más estricta, en parte como respuesta a lo que consideraban una creciente invasión de su independencia.

En marcado contraste con el catolicismo de la época, los puritanos fomentaban fuertemente la lectura de la Biblia, lo que significaba que los puritanos tenían una tasa de alfabetización sorprendentemente alta para la época, incluso entre las mujeres, y establecieron algunas de las primeras escuelas de Norteamérica. Una de las formas en que los puritanos influyeron en lo que se convertiría en la cultura estadounidense fue en su creencia en la independencia de la mente y el pensamiento y en la importancia de interpretar la Biblia (lo que llevó a interpretar otras cosas) por uno mismo. El papel del puritanismo en el establecimiento de los Estados Unidos es un tema fascinante y complicado, otro que es demasiado grande para el alcance de esta narración.

Mucha gente cree erróneamente que, dado que los puritanos viajaron al Nuevo Mundo en busca de libertad para practicar su religión, promovían por tanto la libertad religiosa, pero sencillamente no fue así. Los puritanos no prohibieron abiertamente otros credos, pero a menudo persiguieron o condenaron al ostracismo a personas de otras sectas cristianas.

Además, los puritanos estaban muy preocupados por las influencias externas en su sociedad, especialmente en sus miembros jóvenes. Una de las razones por las que emigraron en primer lugar fue para escapar de ese tipo de influencias, por lo que se volvieron extremadamente protectores de sus comunidades insulares en el Nuevo Mundo. Esta es una de las razones por las que los juicios ocurrieron cuando lo hicieron: a medida que la población no puritana en la región crecía, los puritanos se volvieron temerosos y desarrollaron un deseo casi patológico de erradicar la disidencia y la oposición.

En el próximo capítulo, nos centraremos en los últimos años del siglo XVII y en las circunstancias y acontecimientos particulares que dieron lugar a los juicios de las brujas de Salem.

3

La vida en la Nueva Inglaterra colonial

AL IGUAL que es importante comprender la sociedad puritana en la que tuvieron lugar los Juicios de las Brujas de Salem, también es necesario observar el mundo en el que existía esa sociedad. La Norteamérica británica experimentó un notable desarrollo a lo largo del siglo XVII y, en parte, fue este rápido crecimiento el que contribuyó a provocar los Juicios de las Brujas de Salem.

La primera colonia británica permanente -Virginia- se estableció en 1607. Trece años después, los primeros puritanos desembarcaron en la bahía de Massachusetts. En veinte años se establecieron Maryland, Rhode Island, Connecticut, New Hampshire y Delaware, sin olvidar el crecimiento dentro de la propia bahía de Massachusetts.

. . .

Además, los holandeses también colonizaron Nueva Ámsterdam, que se convertiría en Nueva York, otra colonia británica, en la década de 1660.

Con todos estos nuevos asentamientos llegó mucha gente, la mayoría de ellos emigrantes de Gran Bretaña y personas esclavizadas de África. Obviamente, la gran mayoría de estas personas no eran puritanos. Con el paso del tiempo, los puritanos se preocuparon por la invasión de su estilo de vida. Recuerden que creían que habían sido elegidos por Dios para introducir su reino en la tierra purificando la sociedad. Por lo tanto, cualquier amenaza a su estilo de vida era un asunto de consecuencias cósmicas.

Sin embargo, en otros aspectos, la vida de los puritanos era compatible con los desarrollos que se producían a su alrededor, especialmente en la economía. Los puritanos llegaron a Norteamérica principalmente para practicar su religión libremente y para restablecer el estilo de vida que tenían en Gran Bretaña antes de emigrar a los Países Bajos. Parte de su doctrina también predicaba el individualismo, el ahorro, el trabajo duro y la independencia. Muchos (si no la mayoría) de los no puritanos de Norteamérica se vieron motivados a emigrar por las oportunidades económicas que eran compatibles con su estilo de vida religioso. En el Nuevo Mundo era fácil acceder a la tierra, lo que facilitaba la adquisición de una granja. A medida que la población crecía, las colonias también empezaron a producir gran parte de lo que necesitaban en casa, incluyendo textiles y ropa, herramientas, incluso libros y otros artículos de lujo. Los comerciantes y sus familias emigraron para establecer negocios.

Por lo tanto, el problema para los puritanos no era tanto que todos estos recién llegados buscaran la independencia económica, ya que el mercado se desplazaba lentamente hacia el capitalismo y todo lo que éste conlleva. Era que la economía era el objetivo principal de estos recién llegados y de sus descendientes. Mientras tanto, los puritanos creían que tenían la misión de crear una sociedad perfecta y divina basada en las enseñanzas de la Biblia. Era absolutamente el aspecto más importante de sus vidas. A medida que llegaban a Nueva Inglaterra más y más personas que no se adherían a sus creencias, eso se hacía más difícil. Fallar en esto significaba fallar a Dios mismo, una idea aterradora para el pueblo puritano. A medida que avanzaba el siglo XVII, se sentían cada vez más amenazados por el mundo exterior.

También hubo problemas internos para los puritanos que hicieron de finales del siglo XVII una época turbulenta.

. . .

Surgieron desacuerdos sobre el papel de la iglesia en el gobierno, así como sobre los acuerdos de tierras con los pueblos nativos. A lo largo de la década de 1630, un influyente ministro llamado Roger Williams se enfrentó continuamente a los líderes puritanos de la bahía de Massachusetts por estas y otras cuestiones.

Sus puntos de vista sobre la separación de la Iglesia y el Estado y la libertad de religión se consideraban especialmente amenazadores para la vocación de los puritanos, y fue desterrado en 1636. Sin embargo, no se marchó y fundó en las cercanías la plantación de Providence (que acabó convirtiéndose en la colonia de Rhode Island).

En la década de 1630 también estalló una controversia antinómica que implicaba puntos de vista opuestos sobre la doctrina cristiana. Fue un conflicto complicado, pero esencialmente, una mujer llamada Anne Hutchinson habló en contra de las enseñanzas de algunos ministros puritanos.

Ella creía que las acciones humanas no importaban frente a la voluntad de Dios. Todos los puritanos creían firmemente que no podían influir en su propia salvación (porque estaba predeterminada por Dios), pero Anne fue más allá.

. . .

A finales de la década, la controversia se había calmado, pero no antes de que los puritanos de toda la bahía de Massachusetts celebraran un sínodo en el que acordaron que era necesaria una mayor uniformidad y coherencia entre las iglesias y los mensajes de los ministros. En cierto modo, esto ya revelaba una desviación de la intención original de los puritanos en la migración. Antes de esto, creían y permitían que las iglesias funcionaran de forma relativamente independiente, atendiendo a las necesidades de su congregación particular.

También animaban a sus miembros a leer e interpretar la Biblia por sí mismos. Este cambio de tono a finales de la década de 1630 nos indica que temían perder el control sobre su población y se estaban volviendo más insulares.

Aunque las comunidades puritanas siguieron creciendo a lo largo del siglo XVII, cada vez estaban más rodeadas de británicos de otras confesiones, como anabaptistas, bautistas, luteranos, presbiterianos, cuáqueros y, por supuesto, miembros de la Iglesia de Inglaterra.

Otro punto de inflexión importante para los puritanos fue el Pacto de la Mitad del Camino, publicado en 1662. Intentó abordar los problemas relacionados con la membresía de la iglesia, específicamente si ciertos niños podían ser bautizados y convertirse en miembros de la iglesia puritana.

Aunque los cambios que introdujo el Pacto fueron relativamente menores, su importancia radica más en lo que señalaron. A saber, que el puritanismo estaba en decadencia y que el ideal sostenido por muchos puritanos de la primera generación -de crear una sociedad exclusiva de verdaderos adherentes cristianos- había fracasado. Aunque había congregaciones más estrictas y resurgimientos periódicos de la misión apocalíptica, el puritanismo estaba en declive.

En 1691 se produjeron más cambios políticos, apenas unos meses antes de que se produjeran las primeras acusaciones.

El gobierno británico emitió una nueva carta para la Colonia de la Bahía de Massachusetts en 1691, que entró en vigor en 1692. Increase Mather y su hijo Cotton Mather, ambos prominentes ministros puritanos, desempeñaron un papel crucial en la redacción e institución de esta carta y del nuevo gobierno para Massachusetts. Ambos creían firmemente en la amenaza que suponía la brujería, habiendo publicado libros sobre el tema. Con la promulgación de la nueva carta, pudieron nombrar a los miembros de las fuerzas del orden, incluidos los jueces de paz. Algunos de estos nombrados acabarían presidiendo los juicios por brujería de Salem.

A nivel local, las cosas en Salem y los pueblos de los alrededores eran todo menos pacíficas. A finales del siglo XVII, Salem era de hecho conocida por su alto grado de conflictividad. Los vecinos y correligionarios discutían con frecuencia por los derechos de propiedad y de pastoreo.

Discutían por pequeñas deudas y otros asuntos, la mayoría de ellos triviales, casi constantemente. A menudo se veían envueltos en pleitos contra los vecinos. Este conflicto continuo era peligrosamente destructivo, ya que alimentaba una atmósfera de paranoia y actitudes despreocupadas a la hora de emitir acusaciones.

Hacía que la gente sospechara constantemente de sus vecinos y se pusiera a la defensiva sobre sus propias acciones.

Aunque el conflicto en los Juicios a las Brujas de Salem fue mucho más grave, este tipo de ambiente hizo que Salem fuera el lugar perfecto para que ocurriera un evento de este tipo.

. . .

Los juicios a las brujas de Salem ocurrieron durante este período de debilitamiento del pueblo puritano, que continuó hasta principios del siglo XVIII. Los historiadores generalmente están de acuerdo en que la era puritana había terminado por completo a finales de la década de 1740. Dicho esto, hubo otras causas del Juicio a las Brujas de Salem. El próximo capítulo examinará más de cerca los otros aspectos complicados de la vida que contribuyeron a los juicios.

4

Las causas de los juicios a las brujas de Salem

Hubo muchos elementos de la vida de finales del siglo XVII que contribuyeron al estallido de los Juicios a las Brujas de Salem. De hecho, las circunstancias sociales, políticas, raciales y religiosas de la época crearon una especie de tormenta perfecta para tal acontecimiento.

En el último capítulo, hablamos de las crecientes poblaciones de no puritanos en Massachusetts y sus alrededores y en el propio Salem. Esto presentaba muchos desafíos para el pueblo puritano, especialmente en lo que se refiere a las preocupaciones sobre las generaciones más jóvenes. Es revelador que las tres primeras mujeres arrestadas acusadas de brujería fueran todas forasteras o no conformistas con la vida puritana de alguna manera.

. . .

Por ejemplo, el padre de Sarah Good se suicidó cuando ella era joven, e incluso después de casarse, era muy pobre. Aunque no era originaria de Salem, emigró a la ciudad y sobrevivió principalmente gracias a la caridad. Se había ganado la reputación de ser desagradable, cáustica y discutidora, y rara vez asistía a los servicios religiosos.

Sarah Osborne también asistía a los servicios religiosos sólo de forma esporádica. Estaba emparentada por matrimonio con el acaudalado John Putnam, el padre de Ann Putnam (Ann era una de las niñas protagonistas de la acusación).

Tras la muerte del marido de Sarah, cuñado de Putnam, ésta se casó con su sirviente y negó la herencia a sus hijos (que también estaban emparentados con Putnam). Esto no sólo enfureció a la familia, sino que se burló por completo de las normas sociales y de género. La tercera mujer fue Tituba, de la que se habla más adelante.

En la época de los juicios a las brujas de Salem, Massachusetts se encontraba también en medio de una brutal guerra de los nativos americanos, llamada Guerra del Rey Guillermo. Este conflicto estuvo marcado por un particular salvajismo en ambos bandos. Para los colonos, estaban bajo la amenaza constante de un ataque sorpresa en el que su pueblo podría ser quemado, podrían ser asesinados y arrancarles la cabellera, o ser hechos prisioneros y torturados. Sin duda, los residentes de Salem, especialmente las mujeres jóvenes, se preocupaban casi constantemente por la violencia que ocurría a su alrededor.

Recuerden que los puritanos veían la mano del poder divino en todo. Si tanta violencia estaba ocurriendo a su alrededor, entonces el Diablo seguramente estaba cerca.

La propia Salem también estaba experimentando grandes cambios. El municipio se había dividido en dos asentamientos distintos: Salem Town y Salem Village. La población de la aldea era en su mayoría agricultores de subsistencia. La ciudad, en cambio, contaba con una poderosa clase mercantil vinculada al transporte marítimo, ya que Salem está situada en la bahía de Massachusetts y el océano Atlántico. La aldea, que se encontraba más al interior, deseaba tener autonomía con respecto a la ciudad, pero ésta dependía de los agricultores de la aldea tanto para su alimentación como para ser clientes de muchos de sus negocios (herreros, carpinteros, etc.).

Fue el pueblo de Salem el que eligió a Samuel Parris como su ministro, que era un puritano severo y estricto. Estaría en el centro de los juicios por brujería, y era impopular en el pueblo de Salem, lo que dividió aún más a las dos entidades.

Dicho esto, el pueblo no era completamente independiente y compartía algunas instituciones de gobierno con la ciudad, incluidos los tribunales.

Por último, Salem vivía entonces una importante disputa entre dos de sus familias más antiguas, los Putnam y los Porter. Ambas eran poderosas y ricas, pero de formas diferentes que reflejaban la creciente división cultural entre los residentes de Salem. Los Putnam eran agricultores y seguían con bastante fidelidad la doctrina y el estilo de vida puritanos. Los Porter, en cambio, formaban parte de la creciente clase mercantil. Años antes de que estallaran los Juicios por Brujería, los Porter fueron los responsables de la inundación de las tierras de los Putnam, y las desavenencias no hicieron más que crecer a partir de ahí tras un pleito y un conflicto continuo en el que casi todos los residentes de Salem tomaron partido. Ambas familias estuvieron en el centro de las primeras acusaciones.

Las cuestiones raciales también contribuyeron a los Juicios de las Brujas de Salem. La raza era un tema complicado en aquella época, y es importante entender que nuestra comprensión moderna de la raza no era la misma durante el siglo XVII. Las ideas sobre la raza que eran más concretas en los siglos XVIII y XIX todavía estaban en proceso de formación en el siglo XVII. Esto era especialmente cierto a medida que los pueblos de todo el mundo se volvían más móviles, especialmente alrededor del Océano Atlántico.

Nueva Inglaterra estaba directamente ligada al resto del mundo y, en muchos sentidos, los puritanos (especialmente los del pueblo) temían sus influencias.

La raza se entendía en gran medida en términos de "el otro", es decir, no necesariamente personas de otros tonos de piel (aunque eso era un factor determinante), sino personas cuyos estilos de vida, idiomas y religión eran desconocidos o incluso amenazantes.

Todos estos factores (así como las cuestiones de género) cristalizaron en torno a la figura de Tituba, una esclava caribeña que vivía entre los puritanos y que fue fundamental en la historia de los juicios por brujería de Salem. Como veremos, Tituba, que aún era esclava, fue la primera persona arrestada por brujería. Había sido una marginada en la comunidad y, al parecer, había dedicado a las jóvenes que hicieron las primeras acusaciones a la adivinación. Tituba encajaba como una "otra" en todos los sentidos que uno pueda imaginar: era esclava, pertenecía a una cultura diferente y, al parecer, seguía manteniendo prácticas que iban en contra de la doctrina religiosa puritana.

Es difícil pasar por alto el trasfondo de género en los Juicios de las Brujas de Salem. Aunque las mujeres no fueron las únicas acusadas, sí fueron la mayoría (casi el 80%), fueron las primeras en ser acusadas y las primeras acusaciones de brujería también se originaron en mujeres jóvenes. Es más, la brujería ha estado tradicionalmente mucho más asociada a las mujeres, tanto antes como después de Salem.

Según el sistema de creencias de los puritanos, las mujeres eran más débiles que los hombres, no sólo físicamente sino también moralmente; por lo tanto, eran más susceptibles a las tentaciones del Diablo en primer lugar. También creían que el Diablo tentaba a las mujeres más a menudo que a los hombres debido a su supuesta inferioridad moral. Es importante recordar lo reales que eran estas ideas para el pueblo puritano. Especialmente las mujeres veían su vida cotidiana cargada de constantes tentaciones del Diablo, y creían en el poder del Diablo para alejarlas de Dios en todo momento.

. . .

Algunas de las mujeres que confesaron la brujería bajo interrogatorio pueden haber creído realmente que se habían entregado al Diablo sin saberlo y que eran culpables de brujería.

Por supuesto, el contexto de género más amplio de los Juicios de las Brujas de Salem y de las acusaciones de brujería en general es más complejo. A lo largo de gran parte de la historia occidental, las luchas entre hombres y mujeres por el poder y el control han dado lugar a tragedias reactivas y represivas como los Juicios a las Brujas de Salem.

Por razones complicadas, a medida que el mundo que les rodeaba cambiaba, los dirigentes puritanos, compuestos en su totalidad por hombres, buscaban en parte reforzar el control sobre su sociedad.

Se dieran cuenta o no, los Juicios a las Brujas fueron, al menos en parte, el resultado de ese tipo de cambios.

Además, los juicios a las brujas de Salem no fueron ciertamente los primeros juicios a las brujas en la historia cristiana o incluso en la historia puritana, ni tampoco fueron los últimos. Aunque la caza de brujas se remonta a tiempos antiguos y no fue infrecuente durante el periodo medieval y la Edad Media, alcanzó su punto álgido entre 1450 y 1750 aproximadamente en las sociedades europeas, lo que significa que Salem se encontraba realmente en la cola de la tendencia. Alcanzaron su punto álgido en número y fervor, y luego se calmaron durante un periodo de tiempo antes de volver a repuntar.

Cabe destacar que la Ley de Brujería inglesa de 1542 codificó la ilegalidad de la brujería. Luego, los juicios a las brujas de Pendle de 1612 condenaron y ejecutaron a diez presuntas brujas acusadas de asesinato. Después, en plena Guerra Civil inglesa, un puritano llamado Matthew Hopkins lideró un movimiento masivo de caza de brujas en Inglaterra que se saldó con la ejecución de más de cien personas entre 1644 y 1646.

Las acciones de Hopkins al otro lado del charco influyeron en gran medida en algunas de las primeras cazas de brujas en Norteamérica, que por cierto no tuvieron lugar en Salem.

Al menos quince personas fueron ejecutadas por practicar la brujería antes de la década de 1660. Uno de los legados duraderos de Hopkins fue la práctica de pedir a las brujas acusadas los nombres de sus cómplices, y aunque no inventó esta táctica, la popularizó en su momento. En Gran Bretaña y las colonias, esta táctica causaría muchos estragos y provocaría una cabalgata de acusaciones que destruyó muchas vidas. Este fue ciertamente el caso de Salem.

Por último, una nota contextual adicional. Los juicios a las brujas comenzaron en medio de un invierno especialmente brutal. Los inviernos en Nueva Inglaterra siempre fueron difíciles, pero el de 1691/92 fue especialmente frío, con nevadas aparentemente interminables, hielo y otras condiciones que hacían difícil vivir, y mucho menos encontrar comodidad. Aunque no era un elemento importante, sin duda contribuyó al panorama y al ambiente sombrío de la época. También es posible que algunos puritanos vieran el duro invierno como una prueba del enfado de Dios con ellos, aunque esta idea no está probada.

Fue en este contexto de agitación, incertidumbre y cambio que se produjeron los Juicios a las Brujas de Salem. En el próximo capítulo, detallaremos cómo, cuándo y por qué se hicieron las primeras acusaciones contra Tituba, Sarah Good y Sarah Osborne y lo que sucedió después.

5

Comienzan las acusaciones

Los Juicios de las Brujas de Salem comenzaron con las acciones de los niños. La hija de nueve años del reverendo Samuel Parris, Betty, y su prima Abigail Williams (de once años) comenzaron a tener "ataques" en febrero de 1692. Según los relatos de los testigos de estos ataques, las niñas gritaban, convulsionaban, se arrastraban y se retorcían en el suelo, y se comportaban de forma extraña y perturbadora. También tenían moretones, arañazos y otras marcas en la piel.

Pronto se les unieron otras jóvenes, sobre todo Elizabeth Hubbard y Ann Putnam, Jr. (nieta del patriarca de la familia Putnam), ambas de 12 años de edad. Según algunas fuentes, las niñas empezaron a comportarse así después de que las sorprendieran permitiendo que Tituba les enseñara a leer la suerte.

. . .

Los médicos y otras personas examinaron y observaron a las niñas, pero no pudieron encontrar ninguna dolencia u otra causa para su comportamiento. Como suele ocurrir, cuando la ciencia y la razón se quedan cortas, se culpa a lo divino o a lo misterioso, y eso es exactamente lo que ocurrió. Muchos creyeron que no podía haber otra explicación que la mano del Diablo a través de la brujería. Se presionó a las niñas para que nombraran a sus torturadores, y se lanzaron las tres primeras acusaciones.

Uno de los mayores misterios que aún rodean a los Juicios de las Brujas de Salem es el comportamiento de los propios acusadores. ¿De qué podrían haber estado sufriendo o experimentando que hubiera provocado tal conducta? Hay un par de posibilidades. Algunos expertos en psicología infantil plantean que es posible que uno o varios de los primeros acusadores fueran víctimas de algún tipo de abuso. El comportamiento puede haber sido una estrategia de afrontamiento para un niño que no podía verbalizar la profundidad de su trauma. Si ese es el caso, es probable que algunos de los otros niños imitaran el comportamiento de las niñas originales o tal vez también estuvieran sufriendo un abuso similar.

. . .

Otra posibilidad que fue planteada originalmente por los científicos en la década de 1970 es que las niñas sufrieran de ergotismo convulsivo. Básicamente, un hongo llamado cornezuelo (del que deriva el LSD) crece en el centeno, que los puritanos utilizaban para hacer pan.

Las circunstancias particulares necesarias para que el hongo crezca estaban presentes en el momento de las pruebas. El ergotismo convulsivo provoca algunos de los síntomas que experimentaron las chicas, como ataques y convulsiones similares a las convulsiones y piel rasposa (las chicas se quejaban de que las pellizcaban y arañaban). También puede provocar alucinaciones, que los niños de esta sociedad puritana habrían atribuido casi con toda seguridad a las brujas.

Por supuesto, también existe la posibilidad de que las niñas inventaran y representaran sus síntomas por diversas razones. Vale la pena mencionar que el libro de Cotton Mather, Memorable Providences: Relativo a la brujería y las posesiones, fue publicado pocos años antes de 1692. Contenía una descripción detallada de los síntomas de las jóvenes poseídas por brujas, que recordaba inquietantemente el comportamiento de Betty, Ann y sus otras amigas.

. . .

La lectura era una prioridad para los puritanos, que valoraban la educación, y este libro tuvo una gran difusión.

Si es cierto que las primeras acusaciones se produjeron después de que las niñas fingieran estar embrujadas, es muy probable que lo que ocurrió después se les escapara un poco de las manos. Es difícil imaginar que un grupo de niños haya tenido la previsión de saber que sus acciones tendrían consecuencias tan dramáticas y trágicas.

También parece totalmente plausible que, después de ser sorprendidos en el acto de la fechoría (decir la fortuna con Tituba) que gritaron brujería para salir de problemas en una sociedad tan austera e intolerante. No estaría fuera de lugar con lo que ahora sabemos sobre el desarrollo infantil y la etapa de desarrollo en la que se encontraban sus cerebros en ese momento.

Independientemente de la verdadera causa, se culpó a la brujería, y las chicas acabaron identificando a tres forasteras como brujas. Las identidades de las acusadas arrojan algo de luz sobre el contexto: como se ha comentado anteriormente, las tres se desviaban de alguna manera de las normas sociales de Salem y no tenían fuertes lazos familiares. Eran sospechosas naturales y objetivos fáciles. Si se presionaba a las chicas para que revelasen quién en su comunidad las había embrujado, estas tres mujeres habrían sido los objetivos más fáciles. Las tres fueron arrestadas rápidamente.

Poco después de las acusaciones y los arrestos, las mujeres se enfrentaron a los agotadores interrogatorios de los magistrados de la ciudad -John Hathorne y Jonathan Corwin- sin representación. Estas audiencias comenzaron el 1 de marzo de 1592 y duraron varios días. Tituba confesó el delito de brujería (que podría haber tenido mucho que ver con la autopreservación, dada su condición de esclava y su raza).

Nombró a las otras dos mujeres acusadas como compañeras de brujería, confirmando las peores sospechas del pueblo.

Muchas de las personas que fueron acusadas de brujería acabaron confesando, ya sea durante los interrogatorios iniciales o más tarde en el tribunal formal. Puede parecer desconcertante el porqué, especialmente en nuestro mundo moderno, donde mucha gente ya no cree en las brujas, al menos no en las que los salemitas temían. Es mejor entender que esta es la mejor opción que tenían muchos de ellos para salvar sus vidas. Si una persona negaba ser bruja y era condenada por los tribunales, normalmente se enfrentaba a la muerte. Si una persona confesaba, y sobre todo si nombraba a otros, tenía más probabilidades de salvarse, especialmente si mostraba verdadero remordimiento e intentaba reconciliarse con sus pecados. Este fue otro factor que exacerbó los juicios a las brujas de Salem.

También en marzo comenzaron a producirse más acusaciones. Esta segunda ronda de acusaciones difería de la primera; esta vez, las acusadas no eran necesariamente parias. Una de las nuevas acusadas fue Martha Corey que, a diferencia de las tres primeras mujeres, era un miembro activo de la comunidad de Salem y de la iglesia. Sin embargo, no creía en la brujería y opinaba abiertamente que las chicas mentían. Fue acusada por Ann Putnam, Jr. y otra compañera de Putnam, Mercy Lewis, de 14 años.

Mercy se convirtió en sirvienta en la casa de Ann después de mudarse a Salem desde Maine, donde toda su familia había muerto en un ataque de los nativos.

Dorothy Good, la joven hija de Sarah Good, fue acusada de brujería; las niñas alegaron que la practicaba junto a su madre. Dorothy sólo tenía cuatro o cinco años. En aquella época, se creía que la brujería era en gran medida una actividad de grupo; el Diablo convocaba a sus seguidores. En parte, esto llevaba a acusaciones en cascada, ya que las supuestas brujas eran interrogadas no sólo sobre sus propias actividades sino también sobre las de otras acusadas de brujería. Trágicamente, el testimonio de esta niña ante los magistrados acabó condenando a su madre.

Por último, Rebecca Nurse fue acusada de bruja por Ann Putnam, Jr. Nurse tenía 71 años en ese momento, y sería una de las personas de más edad acusadas durante los Juicios de las Brujas de Salem. Su arresto también fue una sorpresa, ya que era asidua a la iglesia y tenía fama de generosa y piadosa.

Esta segunda ronda de acusaciones fue enormemente preocupante para la comunidad, mucho más que la primera. Nurse y Corey eran miembros de la iglesia y muy respetados. No era tanto que los salemitas no creyeran las acusaciones, sino que estaban aterrados ante la idea de que las acusaciones fueran ciertas.

Si el Diablo era tan poderoso como para corromper a miembros tan honrados de la comunidad y seguidores de Dios, entonces nadie estaba a salvo. Ciertamente, esto contribuyó a la sensación de histeria que pronto impregnó todos los aspectos de la vida puritana durante las últimas semanas del brutal invierno.

6

Historia colectiva en Salem

Como se ha dicho en el capítulo anterior, los acontecimientos de principios de marzo conmocionaron al pueblo y a la ciudad de Salem. Al ser arrestadas las presuntas brujas, fueron llevadas ante los magistrados locales para ser interrogadas. No se les permitió la representación de un abogado y tuvieron que argumentar por sí mismas (incluso las niñas acusadas). A lo largo del mes de marzo se produjeron más acusaciones por parte de más niñas, incluyendo a dos miembros de la familia Proctor, John y Elizabeth, un matrimonio. Además, comenzaron las acusaciones en cascada, ya que los interrogados también empezaron a dar nombres.

A medida que la histeria crecía, también empezaron a surgir dudas. A principios de abril, la acusadora de los

Proctor, Mary Warren, admitió haber mentido sobre las acusaciones de brujería.

Sin embargo, era una sirvienta en la casa de los Proctor y puede haber sido coaccionada para retractarse de sus acusaciones. En cualquier caso, pagó por su decisión; ella misma fue acusada de brujería poco después, el 18 de abril, por algunas de las otras jóvenes y fue arrestada. Sin embargo, su revelación de que ella y las otras chicas estaban actuando en sus arrebatos hizo que algunos en la comunidad de Salem se detuvieran, aunque no lo suficiente como para detener o incluso frenar los arrestos.

Varias personas fueron detenidas tras defender a Rebecca Nurse. Lo que esto nos dice es el nivel de conformidad y miedo que acompañaba a las acusaciones de brujería. Cualquier disidencia o refutación de las acusaciones de brujería conllevaba muy a menudo la detención y las acusaciones propias. No es de extrañar que fuera tan difícil frenar los procedimientos, dados los evidentes riesgos que conllevaba hacerlo, ya que el pueblo de Salem vio lo que les ocurrió a los defensores de Nurse. Mary Warren es otro ejemplo de este tipo de presión intensa en el trabajo.

. . .

A finales de abril, se produjo la que quizá sea la acusación más impactante hasta la fecha. Varias de las niñas acusaron al antiguo ministro de Salem, George Burroughs. Fue arrestado en Maine a finales de abril y llevado a Salem para ser juzgado. Durante el tiempo que fue ministro, el pueblo no le pagó su sueldo y tuvo que pedir dinero prestado a Thomas Putnam para enterrar a su esposa en 1681.

Abandonó el pueblo en 1683 sin pagar sus deudas, pero había estado fuera casi una década antes de que las muchachas de Salem lo acusaran y forzaran su regreso. Sería uno de los ejecutados, y es famoso que recitara el Padre Nuestro antes de ser colgado. Se creía que una bruja no podía recitar esta oración, por lo que representaba otro momento de duda sobre la veracidad de las acusaciones.

En el momento del arresto de Burroughs, aproximadamente otras veinte personas también habían sido acusadas y arrestadas. Pero poco después, fuerzas mayores del gobierno comenzaron a intervenir en los acontecimientos que se desarrollaban en Salem. A principios de ese mes, el nuevo gobernador de la Bahía de Massachusetts, Sir William Phipps, llegó a Boston con Increase Mather. Phipps convocó un tribunal especial para tratar las acusaciones, llamado Court of Oyer and

Terminer. Utilizado en varias ocasiones a lo largo de la historia británica, se trataba de un tribunal especial designado sólo para tratar una serie de delitos concretos (en este caso, la brujería). Se nombran comisarios que se encargan de tratar el asunto de forma rápida y justa.

Antes, tras ser arrestadas, las brujas acusadas eran interrogadas ante los magistrados de la ciudad. Por lo general, se las encarcelaba hasta que pudieran ser juzgadas. Con el Tribunal de Oyer and Terminer comenzó la fase oficial de los procesos, así como las muertes y ejecuciones.

7

Las primeras ejecuciones

En mayo, varias jóvenes más se unieron a las demás en sus acusaciones contra vecinos y compañeros de la comunidad de Salem. La caza de brujas también se cobró su primera víctima: Sarah Osborne, una de las primeras personas acusadas, murió en prisión el 10 de mayo de 1692.

Mientras tanto, la Corte de Oyer and Terminer nombró a siete jueces (todos hombres). William Stoughton, un administrador colonial de las afueras de Salem que llegaría a ser gobernador de la Bahía de Massachusetts, fue nombrado presidente del tribunal. A nivel local, se nombró a Jonathan Corwin, Bartholomew Gedney y John Hathorne, todos ellos magistrados de Salem. Por último, también se nombró a otras cuatro personas para la Corte:

Nathaniel Saltonstall, Peter Sergeant, Samuel Sewall y Wait Still Winthrop.

Sewall ya había asistido a los interrogatorios. Saltonstall no serviría mucho tiempo, dejando el tribunal principalmente por su objeción a la admisión de "pruebas espectrales", que Stoughton y varios de los otros favorecían.

Una cuestión constante durante los juicios fue la inclusión de pruebas espectrales. Las pruebas espectrales se convertirían en algunas de las partes más dramáticas y memorables de los juicios. Se trata de testimonios de acusadores o testigos sobre la aparición del espíritu del acusado ante el testigo, aparte del cuerpo del acusado. En otras palabras, admitir este tipo de testimonio permitiría a las chicas que hacían las acusaciones de brujería testificar que los espíritus de las personas a las que acusaban las visitaban y atormentaban, aunque la supuesta bruja estuviera en un lugar completamente distinto. Como es obvio, este tipo de pruebas eran dudosas en el mejor de los casos y prácticamente imposibles de refutar. Al final, Stoughton apoyó su relevancia y, en general, permitió su admisión como prueba.

. . .

Además, mientras Thomas Newton enjuiciaba los casos, no se proporcionaba ni se permitía la defensa de las personas acusadas.

La primera persona en ser juzgada ante este tribunal fue Bridget Bishop, que fue acusada por cinco de las jóvenes.

Poco se sabe de ella, aunque es posible que fuera propietaria de una taberna en la ciudad de Salem.

Si de hecho era dueña de una taberna, esto la habría colocado en la categoría de mujeres poco convencionales que desobedecían las normas de la sociedad puritana, muchas de las cuales fueron acusadas junto a Bishop. Fue condenada el 2 de junio y colgada ocho días después, siendo la primera persona ejecutada por brujería en los Juicios de las Brujas de Salem.

Después de la ejecución de Bridget Bishop, los tribunales hicieron una pausa en sus procedimientos, quizás para asimilar la magnitud de sus propias acciones. Oficialmente, sin embargo, pidieron consejo a personas externas sobre cómo proceder con el resto de los juicios. Cotton Mather redactó una respuesta, que es complicada, pero que, tomada en su conjunto, decía a la Corte que procediera como lo había hecho. A primera vista, parece hablar en contra de las pruebas espectrales pero, al final, no hizo nada para detenerlas. Fue en ese momento cuando Saltonstall dimitió.

Las audiencias y los juicios se reanudaron el 30 de junio. Cinco mujeres, entre ellas Rebecca Nurse y Sarah Good, fueron ahorcadas el 19 de julio. Al mes siguiente, los grandes jurados acusaron a varias personas y el Tribunal celebró más juicios. El 19 de agosto, otras cinco presuntas brujas fueron ahorcadas.

Elizabeth Proctor habría estado entre ellas, pero se le concedió una suspensión de la ejecución porque estaba embarazada. Su marido John, sin embargo, no tuvo tanta suerte; fue a la horca el día 19.

Muchos habrían pensado que, tras más de diez muertes, la histeria se habría calmado, pero no fue así. En septiembre, el gran jurado acusó a 18 personas más de brujería, y los juicios continuaron sin descanso. Al mismo tiempo, las acusaciones de brujería se extendían a las comunidades vecinas. En Ipswich, situada a varias millas al norte de Salem, una mujer llamada Rachel Clinton, una marginada social como Sarah Osborne, también fue acusada de brujería.

. . .

Otras comunidades se vieron afectadas de forma similar.

Es difícil imaginar la magnitud de la paranoia que debió impregnar la ciudad y el pueblo de Salem. No sólo se tomaban en serio las acusaciones de las jóvenes, sino que se ejecutaba a mucha gente. También era difícil ignorar que los condenados eran muy a menudo personas que se habían enemistado con las familias de las niñas o que se habían desviado de las normas sociales de alguna manera. Sin duda, esta sensación de miedo creó una atmósfera de conformidad opresiva, que perduraría durante décadas en los propios juicios.

8

La muerte de Corey por prensado

Dos de los hombres ahorcados el 19 de agosto fueron George Jacobs, padre, y George Burroughs, el antiguo ministro de Salem. Al día siguiente, la nieta de Jacobs, Margaret Jacobs, se retractó del testimonio que había dado a principios de ese mes y que condujo a sus condenas y posteriores ejecuciones. Ella también había sido acusada de brujería y había mencionado sus nombres durante el interrogatorio de los magistrados, muy probablemente en un intento de asegurar su propia libertad.

La situación de Margaret Jacobs es útil para ilustrar cómo debió ser esta experiencia para algunos de los implicados. Aunque no se conocen todos los detalles de sus circunstancias, ella se encontraba entre los acusados y los acusadores.

. . .

Tuvo que elegir entre salvar su propia vida o condenar la de su familiar.

Aunque finalmente fue absuelta, no cabe duda de que el trauma de la experiencia la persiguió durante el resto de su vida.

La situación no hizo más que empeorar para todo Salem a medida que se acercaba el otoño. Los grandes jurados presentaron dieciocho acusaciones más a principios de septiembre. Entonces, el 19 de septiembre, se produjo uno de los acontecimientos más infames y espantosos de los juicios: la muerte de Giles Corey. Nacido en Inglaterra en 1611, llegó a Massachusetts al principio de la migración puritana. Los juicios a las brujas de Salem no fueron su primera experiencia con la ley. Unos 15 años antes, golpeó a uno de sus sirvientes tan severamente que el hombre murió.

Sin embargo, el uso de la fuerza física contra los sirvientes estaba permitido en esa época, por lo que finalmente fue absuelto de cualquier cargo.

Cuando Corey compareció ante el tribunal tras ser acusado, se negó a declararse culpable o inocente. Esto supuso un problema porque, según las leyes vigentes en aquel momento, sin una declaración no podía ser juzgado. En un intento de obligarle a declararse, los tribunales utilizaron un método llamado peine forte et dure. Corey fue despojado de toda su ropa y obligado a tumbarse de espaldas con tablas colocadas sobre su cuerpo. A continuación, se colocaron lentamente pesadas piedras y rocas sobre las tablas.

La idea era que la víctima cediera y se declarara bajo tan increíble dolor, pero Corey no cedió. Se negó a participar en nada de los juicios y fue aplastado lentamente hasta la muerte.

La acusación de Corey se produjo más o menos al mismo tiempo que su esposa, junto con otras cinco personas, fue condenada por brujería. El hecho de haber presenciado el juicio de ella puede haber sido un factor que influyó en su negativa a declararse culpable; es posible que se viera condenado de una forma u otra. Después de todo, otras nueve personas fueron condenadas dos días antes de que él fuera aplastado. Su esposa, junto con otras siete, fueron ahorcadas el 22 de septiembre, tres días después de la muerte de Corey.

En octubre se produjo un punto de inflexión en los juicios.

. . .

Tal vez debido al elevado número de condenas y ejecuciones, los líderes comenzaron a pronunciarse en contra del uso de las pruebas espectrales. Las pruebas espectrales fueron la causa de muchas de las condenas y algunos de los testimonios más sensacionales de los juicios. Además, mantenían el foco de atención en las presuntas víctimas, lo que puede haber sido un factor para mantenerlas durante tanto tiempo.

Uno de los primeros en pronunciarse en contra fue Increase Mather, el padre de Cotton Mather, que a su vez era un ministro puritano muy famoso y presidente del Harvard College en aquella época. Emitió una declaración el 3 de octubre, y cinco días después, el gobernador Phipps prohibió el uso de pruebas espectrales por parte del Tribunal de Oidores y Terminadores.

La siguiente fase de los juicios por brujería de Salem tuvo que ver con la burocracia. A finales de octubre, Phipps intervino directamente disolviendo el Tribunal de Oyer and Terminer y liberando a muchas de las personas encarceladas por cargos de brujería. También prohibió a los funcionarios de Salem que detuvieran a más personas por supuesta práctica de la brujería. Aproximadamente un mes después, se estableció un nuevo Tribunal Superior llamado Tribunal Superior de la Judicatura, supervisado por la administración colonial de la Bahía de Massachusetts, para juzgar a las brujas restantes.

9

El legado de la brujería en Salem

La disolución del Tribunal de Oyer and Terminer no puso fin a la histeria en Salem, aunque sí ralentizó las cosas de forma significativa, especialmente después de que se prohibiera al gobierno local realizar más arrestos. Los juicios no podrían haber ocurrido en primer lugar si los salemitas no creyeran fervientemente en la existencia de brujas y en el poder del Diablo en su entorno. Muchos creían de verdad, y sin duda la mayoría al menos sospechaba, que las acusaciones eran reales. Es difícil saber cuándo habrían disminuido los arrestos si el gobierno colonial no hubiera intervenido.

Para complicar aún más las cosas, estaba el complicado predicamento legal al que se enfrentaba una persona acusada. Si una persona acusada de brujería confesaba, tenía muchas más probabilidades de conservar su vida. Los que negaban las acusaciones y luego eran condenados eran los que eran ahorcados.

Eso significaba que, en un esfuerzo por salvar sus propias vidas, muchas personas confesaban que no eran culpables. Se planteó el dilema legal de qué hacer con las personas que habían confesado. Por lo tanto, enfrentarse al final de los juicios y volver a una apariencia de vida normal fue difícil para todos en Salem, especialmente para aquellos que habían sido acusados y confesados de brujería.

El 3 de enero de 1693, uno de los más fervientes partidarios de los juicios, el juez William Stoughton, intentó llevar a cabo el resto de las ejecuciones, incluyendo la ejecución de varias mujeres a las que se les había concedido la suspensión de la ejecución por estar embarazadas. Sin embargo, Phipps intervino directamente y las ejecuciones nunca se llevaron a cabo. Stoughton dimitió y su salida del proceso supuso un paso más hacia el final de los juicios y de todo el calvario.

A finales de mes, casi todas las personas que seguían encarceladas fueron liberadas, ya que la mayoría de las pruebas contra ellas eran espectrales. No está claro si Tituba fue liberada en enero o más tarde en el año, pero en algún momento, fue vendida a un nuevo amo y dejó Salem para siempre.

El Tribunal Supremo de la Judicatura juzgó a varias personas más a principios de 1693 sin admitir pruebas espectrales.

Los cinco primeros, que habían sido acusados antes de que se disolviera el primer tribunal, fueron declarados inocentes (incluida Margaret Jacobs). Dieciséis personas más de Salem fueron acusadas y juzgadas, y sólo tres de ellas fueron declaradas culpables. Todos fueron indultados por el gobernador Phipps. Aunque el tribunal se reunió un par de veces más fuera de Salem, en abril, la pesadilla de los juicios a las brujas de Salem casi había terminado. En mayo, Phipps indultó a todos los demás que permanecían en la cárcel.

A pesar de que los juicios habían llegado a su fin, Salem todavía tenía que lidiar con las secuelas. Esto fue muy dramático para los que sobrevivieron a las acusaciones y sus familias, así como para las familias de los que fueron ejecutados. Aunque los juicios habían terminado, los puritanos seguían creyendo en las brujas y en el Diablo, y era una marca de vergüenza haber sido incluso sospechoso de estar en legión con ellas. Muchos trabajaron durante años para limpiar sus nombres o los de sus seres queridos.

Cuatro años después, el 14 de enero de 1697 se celebró en Salem un día de ayuno y recuerdo. Impulsado por la gravedad del día, Samuel Sewall, uno de los hombres designados para el Tribunal de Oyer y Terminer, se disculpó por su papel en los juicios y admitió haber actuado mal en los procedimientos. Fue el único de los jueces que se disculpó, junto con algunos de los miembros del jurado. Ese mismo año, la ciudad de Salem despidió a Samuel Parris, el ministro que había estado en medio de los juicios.

Su destitución fue otra señal de que Salem quería distanciarse de esta mancha en su historia.

Finalmente, una década después del inicio de los juicios a las brujas de Salem, el Tribunal General declaró que todos los juicios habían sido ilegales, pero no llegó a conceder el perdón a los culpables. Eso llegó en 1711, cuando la colonia aprobó un proyecto de ley que también concedía una restitución económica a los descendientes de la mayoría de los ejecutados por brujería. En el ínterin, más personas que habían participado en los juicios se presentaron para pedir disculpas o admitir que habían actuado mal.

. . .

En particular, Ann Putnam, Jr. una de las cabezas de las jóvenes que hicieron las acusaciones en primer lugar, emitió una disculpa pública por su papel. Sus palabras transmiten cierto remordimiento por sus acciones y por la muerte de tantas personas. Sin embargo, no ofreció una explicación directa de las acusaciones. En su lugar, afirmó que había sido engañada por el Diablo para hacer las acusaciones, y parece afirmar que en ese momento, ella realmente creía en estas mentiras y estaba convencida de que sus vecinos estaban usando la brujería en ella.

Una de las causas originales de los Juicios de las Brujas de Salem fue la marcada división que se estaba produciendo entre la ciudad y el pueblo de Salem.

El pueblo, que era más rural y agrícola, pasó a llamarse Danvers en 1752, distanciándose aún más de los acontecimientos de finales del siglo XVII. Muchas de las víctimas habían sido del pueblo de Salem, ahora Danvers.

Nadie sabe dónde se enterraron los cuerpos de las "brujas" ejecutadas. Algunas evidencias en los registros históricos sugieren que algunas familias reclamaron los cuerpos de sus parientes después de sus ejecuciones y los enterraron en silencio, mientras que otras sugieren que fueron arrojados desde Proctor 's Ledge, que probablemente fue el lugar de las ejecuciones mismas. Como se creía que eran brujas y habían sido condenadas por tales crímenes, no se les permitía ser enterradas en cementerios cristianos.

En cuanto a las muchachas afligidas que hicieron las acusaciones en primer lugar, la mayoría desapareció del registro histórico después de que los juicios terminaran. Algunas de ellas aparecen en documentos posteriores por diversas desviaciones sexuales (adulterio, tener un hijo fuera del matrimonio, etc.), pero en su mayoría parece que siguieron llevando una vida normal. Es probable que nunca sepamos si los sucesos de 1692-93 pudieron tener un impacto continuo en ellos, o de qué manera.

Las víctimas de los Juicios de las Brujas de Salem han sido conmemoradas desde entonces en la región donde se desarrollaron los acontecimientos y en sus alrededores.

Uno de los primeros se colocó en la granja de Rebecca Nurse, donde ésta vivía en la época de los juicios. Sus descendientes erigieron monumentos en 1882 y 1895, para conmemorar tanto a ella como a sus vecinos y amigos que intentaron defenderla de sus acusadores. Los restos que se cree que son los de George Jacobs, otra víctima de los juicios, también han sido reinterpretados en la propiedad.

. . .

En 1957, el estado de Massachusetts se disculpó formalmente por los Juicios de las Brujas de Salem y limpió los nombres de las restantes presuntas brujas que no habían sido indultadas previamente. Luego, en 1992, con motivo del 300 aniversario, se celebraron varios actos para conmemorar lo sucedido. Para entonces, se habían convertido en una parte importante de la historia de Estados Unidos. La ciudad de Salem dedicó un parque en el que se erigieron monumentos a las víctimas de los Juicios de Brujas. En Danvers (antiguo pueblo de Salem), también se erigió un monumento a las víctimas.

Finalmente, un proyecto llevado a cabo por estudiosos de la Universidad de Virginia anunció en 2016 que habían determinado que el lugar de las ejecuciones era Proctor's Ledge mediante el estudio de varios mapas antiguos, la lectura de relatos de primera mano y un radar. Ahora también se erige allí un monumento conmemorativo.

Durante más de doscientos años, la mayoría de los habitantes de Salem intentaron olvidar, ignorar o incluso ocultar los detalles de los Juicios de las Brujas de Salem. Se creyera o no en el Diablo o en las brujas, fue un periodo vergonzoso y perturbador de su historia. Sin embargo, los Juicios de las Brujas de Salem se negaron a ser olvidados y han aparecido en obras de literatura, cine, televisión y más. En el próximo capítulo, examinaremos cómo los Juicios de las Brujas de Salem han perdurado como una pieza importante de la historia estadounidense.

Conclusión

EN EL GRAN esquema de la historia de la Nueva Inglaterra colonial, los Juicios de las Brujas de Salem no son realmente lo suficientemente importantes como para haber adquirido la notoriedad de la que gozan. Dicho esto, pueden utilizarse como una herramienta muy eficaz para enseñar y comprender los cambios que se estaban produciendo en aquella época en toda Nueva Inglaterra.

El grado de fascinación por Salem y sus brujas no puede explicarse fácilmente. Sin duda, combina varios elementos que resultan fascinantes, como lo sobrenatural, la violencia, la mente y la psique humana y la historia. Además, los estadounidenses en su conjunto tienden a interesarse especialmente por los puritanos, que desempeñaron un papel tan importante en la fundación de su nación. Esta es una de las razones por las que la historia se ha contado tantas veces.

Hay docenas de libros escritos sobre los acontecimientos de Salem. John Greenleaf Whittier escribió poemas sobre ello, y Henry Wadsworth Longfellow escribió una obra de teatro sobre los acontecimientos. Una de las obras más famosas sobre los juicios de las brujas de Salem es la obra El crisol, de Arthur Miller, publicada originalmente en 1953. Se trata de una versión ficticia de los acontecimientos de Salem que también se entiende como una alegoría del macartismo y del movimiento anticomunista de la época en la que se publicó. Miller utilizó los juicios a las brujas de Salem, considerados durante mucho tiempo una aberración de paranoia supersticiosa anticuada, para hacer una declaración duradera sobre los acontecimientos de su propia época.

Los juicios de las brujas de Salem también han aparecido en el cine y la televisión. El primer largometraje se estrenó en 1937, y en 1996, Arthur Miller escribió una adaptación de su obra para la gran pantalla. Hay muchos episodios de famosos programas de televisión en los que aparecen los juicios de las brujas de Salem, como Los Simpson, Mentes criminales y Saturday Night Live. Temporadas enteras o partes de temporadas de programas como American Horror Story, Embrujada y

Buffy Cazavampiros también presentan o dramatizan los juicios de las brujas de Salem.

La propia ciudad de Salem lidia con el recuerdo de los juicios, incluso en la actualidad. Por un lado, es un fantástico reclamo turístico.

Tienen un museo dedicado a ello y señalan lugares por toda la ciudad donde tuvieron lugar los diversos acontecimientos de 1692-1693. Además, la ciudad celebra varios eventos especiales a lo largo del mes de octubre, sobre todo en vísperas de Halloween.

Pero para muchos, los Juicios de las Brujas de Salem son un recordatorio de algunos de los peores aspectos de la naturaleza humana. También han atraído a algunos visitantes poco recomendables, cuya obsesión por las brujas de Salem se ha ido de las manos.

Lo que es seguro es que Salem nunca podrá desprenderse de su asociación con los acontecimientos de 1692-93. Para bien o para mal, sigue siendo una parte importante de la historia colonial, de las leyendas y la sabiduría popular americanas y de la naturaleza humana universal.

. . .

Los emigrantes puritanos de Nueva Inglaterra han dejado una huella enormemente influyente en Estados Unidos.

Quizá sea apropiado que los Juicios de las Brujas de Salem ocupen un lugar tan importante en su propia historia. Al fin y al cabo, resume la sociedad insular, austera y represiva que crearon.

CRONOLOGÍA

900

El canon Episcopi aparece por primera vez en un código de leyes.

1140

El Decretum de Graciano establece además el Canon Episcopi.

1022

Los herejes fueron quemados en Orleans, Francia.

1120

Los herejes quemados en Soissons, Francia, según lo observado por Guibert de Nogent.

1176

Herejes ejecutados en Reims, Francia.

1098-1291

Las cruzadas tienen lugar en Tierra Santa.

Siglo XIII

El auge de la herejía de la pobreza apostólica y de los grupos heréticos de valdenses y albigenses/cátaros lleva a la fundación de los franciscanos y dominicos y a la Inquisición.

1231

El Excommunicamus et anathematisamus del Papa Gregorio IX excomulga a los herejes y los entrega a los gobiernos seculares para su ejecución.

1225-1274

Tomás de Aquino funda la escolástica con obras como la Suma Teológica.

1233

El inquisidor Conrad von Marburg es asesinado.

1258

El Quod super nonullis del Papa Alejandro IV permite a los inquisidores cazar brujas como herejes.

1309-1377

Los papas residen en Aviñón bajo la influencia del rey francés, en lugar de en Roma, pronto llamada la Cautividad de Babilonia.

1323

Bernard Gui publica su manual del inquisidor, Practica inquisitionis haereticae pravitatis.

1307-1309

El rey Felipe IV de Francia juzga a los templarios por herejía.

1316-1334

El Papa Juan XXII emite la bula Super illius specula para fomentar la caza de brujas heréticas y acusa a las personas de la corte de brujería.

1318-1325

Jacques Fournier, el futuro Papa Benedicto XII, dirige una inquisición en Montaillou, Francia.

1324

Lady Alice Kyteler fue juzgada por brujería en Irlanda.

1337-1453

Francia e Inglaterra libran la Guerra de los Cien Años.

1347-1359

La primera oleada de la Peste Negra mató a millones de personas en Europa, ayudada por un cambio climático llamado "mini edad de hielo" que duró hasta aproximadamente 1700.

1350-1650

La Revolución Comercial desarrolla el capitalismo en Europa.

1375

La amante del rey Eduardo III de Inglaterra, Alicia Perrers, es acusada de brujería.

1376

Nicolau Eymeric escribe su manual del inquisidor, Directorium inquisitorum.

1378-1417

El Gran Cisma crea primero dos y luego tres papas que pretenden dirigir la cristiandad.

1391

Hunt ejecuta en París "La Cordiere" y Macette de Ruilly.

1395

El juez Pedro de Berna caza brujas, entre ellas Stedelen, en el Simmenthal.

1398

La Universidad de París, bajo el mando de Jean Gerson, condena las actividades mágicas.

1400-1600

El Renacimiento reaviva el aprendizaje de la cultura grecorromana e impulsa a Europa hacia el inicio de la modernidad.

1400-1455

Alonso Tostado escribe con escepticismo y credibilidad sobre las brujas.

1405

Juicio a Luis, duque de Orleans, por intentar matar al rey Carlos VI (m. 1422) con magia.

1410

Martín de Arlés escribe su Tractatus de superstitionibus contra malefica seu sortilegia.

1411

La caza de brujas mata a muchos en Pskov, Rusia.

1421

La caza de brujas tiene lugar en la provincia de Dauphine, en Francia.

1427-1428

Bernadino de Siena participa en los juicios de Finicella en Roma y de Matteuccia Francesco en Todi.

1428

El duque Albrecht de Baviera intenta y ahoga a su nuera, Agnes Bernauer.

1431-1439

El Concilio de Basilea no logra la reforma de la Iglesia, pero se convierte en el centro de información sobre las brujas.

1431

Juana de Arco quemada en la hoguera.

1432, 1441

Margery Jourdain y Eleanor Cobham acusadas de brujería.

Años 1430-1440

Bernardo de Como caza brujas en el Ducado de Saboya.

1435-1438

Johannes Nider escribe su colección, Formicarius.

1437

Se publica Errores Gazariorum.

1437

Claude Tholosan escribe su Ut magorum et maleficiorum errores.

1440

Martin Le Franc escribe su Champion des dames.

1440

El barón Gilles de Rais es ejecutado por brujería en Francia.

1450

Inicio de las exploraciones europeas en Asia y África.

1450

Se inventa la imprenta en el Sacro Imperio Romano Germánico.

1456-1479

Vlad el Empalador, el posterior modelo de Drácula, gobierna de forma intermitente en Transilvania.

1459-1452

Brujas cazadas en Arras por Jacques du Boys.

1458

Nicolas Jacquier escribe su Flagellum haereticorum fascinariorum.

1467

Alphonsus da Spina escribe su Fortalium Fidei.

1470

Giordano o Jordanes da Bergamo escribe Quaestio de strigis.

1474-1516

El rey Fernando de Aragón y la reina Isabel de Castilla crean el reino de España.

1478-1834

La Inquisición española persigue a los herejes y, en menor medida, a las brujas.

1483

Jane Shore admite haber hecho brujería en Inglaterra.

1485

Henry Kramer (Institoris) lleva a cabo juicios de brujas fallidos en Innsbruck.

1486

Henry Kramer (Institoris) escribe el Malleus Maleficarum, el más infame manual de caza de brujas.

1489

María "la Medica" ejecutada por brujería en Brescia, Italia.

1489

Ulrich Molitor escribe su De Lamiis et Phitonicis Mulieribus para las autoridades de Innsbruck.

1492-1503

El papa Alejandro VI Borgia intenta ampliar la caza de brujas fuera de los Estados Pontificios.

1492

Descubrimiento de las Américas por los europeos.

1494

Francia invade la península italiana, lo que provoca más de tres siglos de divisiones políticas.

1507

Johann Geiler von Kaysersberg escribe Die Emeis.

1510

Cornelius Agrippa von Nettesheim publica De Occulta philosophia.

. . .

1510

Bernard Ratengo caza en Como, Italia.

1513-1523

El rey Christian II permite la caza de brujas, con el apoyo del obispo Peter Palladius de Sealand.

1515

Andreas Alciati llama a la caza de brujas un "nuevo holocausto".

1517

Martín Lutero inicia la Reforma Protestante y el luteranismo, al tiempo que fomenta la caza de brujas.

1523

Bartolomeo Spina escribe Questio de strigibus.

1523

Gianfrancesco Pico della Mirandella escribe su Strix, sive de ludificatione daemonum.

1526

Las cacerías en Navarra llevan a la Inquisición española a asumir la autoridad sobre la caza de brujas.

1528-1559

La Reforma inglesa establece el anglicanismo como Iglesia de Inglaterra y se separa de la autoridad papal.

1529

Martın de Castanega publica Tratado muy sotil y bien fundado.

1532

El Código Carolino/Carolina en el Sacro Imperio Romano regula la caza de brujas.

1534

Paulus Grillandus escribe Tractatus de hereticis et sortilegiis.

1534-1549

El Papa Pablo III emite la bula Licet ab initio y establece el Santo Oficio [de la Inquisición], que perdura hasta 1965.

1536

Juan Calvino en Francia establece iglesias reformadas en los Países Bajos y Alemania, presbiterianos en Escocia, congregacionalistas en Gales, hugonotes en Francia y puritanos en Inglaterra.

1536

La reina Ana Bolena es ejecutada por traición a su marido, el rey Enrique VIII de Inglaterra.

1536, 1543

El arzobispo Juan de Zumarraga caza brujas en México.

1543-1687

La Revolución Científica comienza a establecer nuevas formas de examinar el mundo natural.

1550

El zar Iván IV de Rusia convoca a Stoglov que apoya la caza de brujas.

1550

Juicio de Jochum Bos en los Países Bajos.

1555

Olaus Magnus publica la Historia de Gentibus Septentrionalibus, que habla de las brujas en Escandinavia.

1555-1648

La Reforma Católica o Contrarreforma ve cómo las Guerras de Religión dañan a Europa.

1556

Pietro Pomponazzi publica el escéptico De naturalium effectuum causis sive de incantationibus.

1562-1598

Las guerras de religión francesas entre protestantes y católicos romanos dividen a Francia y fomentan la caza de brujas.

1559, 1562

La caza de brujas se llevó a cabo en Yucatán.

1563

Johann Weyer publica el escéptico De praestigiis daemonum.

1563-1584

El arzobispo Carlos Borromeo de Milán caza brujas.

1564

El calvinista Lambert Daneau escribe Les Sorciers.

1565-1566

Nicole Obry sufre la posesión en Francia, inspirando a los imitadores.

1566

La primera caza de brujas en Chelmsford, Inglaterra, ejecuta a Elizabeth Francis y Agnes Waterhouse.

1568-1639

Tommaso Campanella entra y sale de los problemas por sus ideas mágicas y heréticas.

1572

Thomas Erastus publica sus Diálogos contra Paracelso para refutar a Weyer.

1575-1650

Caza en Friuli de los benandanti que creen que vuelan en sueños para luchar contra las brujas.

1575

Hunt en Salzburgo ejecuta a Eva Neidegger y Rupert Ramsauer.

1578

El luterano Jakob Bithner caza brujas en la Estiria católica.

1580

Jean Bodin publica su De la demonomanie des sorciers.

1581-1593

Las cacerías en Tréveris en el Sacro Imperio Romano Germánico matan al Dr. Dietrich Flade y a otros.

1581-1648

Los holandeses libran su guerra de independencia de España.

1582

La segunda caza de brujas en Chelmsford, Inglaterra, mata a Ursley Kemp y a otros.

1584

Reginald Scot publica su escéptico The Discoverie of Witchcraft.

1587

Walburga Hausmannin ejecutada en el Dillingen, Augsburgo.

1588

Michel de Montaigne escribe su escéptico Des Bo^iteaux.

1589

La tercera caza de brujas en Chelmsford, Inglaterra, ejecuta a Joan Prentis y Joan Cunny.

1590

La esposa del pastor, Anne Pedersdotter, en Noruega, fue quemada por bruja.

1592

El rey Felipe II de España regula la caza de brujas a través de la Inquisición española.

1595

Nicholas Remy publica su Demonolatriae.

1597

El rey Jacobo VI Estuardo de Escocia publica la Dmonologie en reacción a las brujas de Gilly de North Berwick: Duncan, Agnes Sampson y el Dr. John Fian.

1597

Thomas Darling, el "Chico de Burton", consigue que Alice Goodridge sea ejecutada por brujería, aunque más tarde confiesa el fraude.

1599-1600

Martín del Río escribe sus Disquisitiones magicarum Libri Sex.

1599-1603

Samuel Harsnett publica obras escépticas sobre la brujería, A Discovery of the Fraudulent Practises of John Darrel ... y A Declaration of Egregious Popish Impostures.

1600

Familia Pappenheimer ejecutada por brujería en Baviera.

1602

Henri Boguet publica su Discours des sorciers.

1602-1603

La posesión de Mary Glover en Inglaterra lleva al Dr. Edward Jorden a publicar su escéptico A briefe discourse of a disease called the Suffocation of the Mother.

1606

Anne Gunter en Inglaterra demostró ser un fraude.

1608

El Thesaurus exorcismorum recoge obras sobre el exorcismo de Girolamo Menghi y Valerio Polidori.

1608-1611

La caza de brujas en las regiones vascas alrededor de las fronteras españolas y francesas.

1609

Las posesiones de las monjas ursulinas de Aix conducen a la ejecución de Luis Gaufridi por brujería.

1611

Barbara Rufin, Michael Dier y Magdalena Weixler cazados como brujas.

1612

El rey Christian IV de Dinamarca caza brujas en Kge.

1612

Las cacerías de las brujas de Lancashire del bosque de Pendle, en Inglaterra, provocan la muerte de Old Demdyke, Old Chattox y otros.

1613

Pierre de Lancre publica Tableau de l'inconstance des mauvais anges et demons.

1618-1648

La Guerra de los Treinta Años aflige al Sacro Imperio Romano y a Europa.

1609-1611

Elizabeth Bathory encarcelada por asesinar a mujeres y niños y bañarse en su sangre.

1620

Las instrucciones de la Inquisición romana pretenden limitar la caza de brujas, pero no se publicitan lo suficiente.

1620

La posesión de Elizabeth de Ranfaing conduce a la ejecución del Dr. Charles Poirot.

1626

Francesco Maria Guazzo publica su Compendium Maleficarum.

1626

Herman Samson publica su Neun ausserlessne und wohlbegründete Hexen-Predigten.

1625-1627

Paul Laymann y Adam Tanner publican sus obras escépticas sobre la brujería.

1627-1634

Las posesiones de las monjas en Loudun, Francia, conducen a la ejecución del pastor Urban Grandier por brujería.

1623-1631

Caza de brujas en los obispados de Eichstatt, Wurzburgo, Colonia y Maguncia. La caza en Bamberg mata a personas de alto estatus, como John Junius, Ernest von Ehrenberg y Dorothea Flockin.

1628

El Conde Palatino manda a Ursula Zoller a un mejor cuidado en lugar de la ejecución por brujería.

1631

Friedrich Spee publica de forma anónima su escéptica Cautio Criminalis, que acabaría ganando muchos lectores y aprobación.

1633-1634

El niño Edmund Robinson persiguió fraudulentamente a las brujas de Lancashire del bosque de Pendle, en Inglaterra, lo que pronto se llamó la Estafa de Pendle.

1635

Benedict Carpzov publica su Practica Rerum Criminalium, que influirá en la caza de brujas en Europa central y oriental.

1635

En Islandia, el sheriff Magnus Bjornsson hace ejecutar a Jon Rognvaldson por brujería.

1637

Anne Hutchinson perseguida en Massachusetts.

1648-1680

Las cacerías llevadas a cabo en Liechtenstein, que han dado lugar a un cambio de dinastía.

1610-1643

El rey Luis XIII y su ministro el cardenal Richelieu gobiernan Francia.

1646

Juicio de la Mercuria.

1644-1646

El "Cazador de Brujas" Matthew Hopkins caza brujas cerca de Chelmsford, Inglaterra.

1652

Joan Peterson, la bruja de Wapping.

1652-1663

Cacerías en Finnmark, Noruega, de samis/lapones y astutos.

1653-1656

. . .

En la ciudad de Lemgo del Sacro Imperio Romano Germánico, el "alcalde de las brujas" Hermann Cothmann caza brujas.

1653

Anne Bodenham atacada como bruja por su asociación con el Dr. Lamb.

1654

Cyrano de Bergerac publica su "Carta contra las brujas".

1656-1658

Los exorcismos de Bernhard Loeper alientan las cacerías en Paderborn, en el Sacro Imperio Romano.

1657

Una cacería en Lukh, Rusia, va tras el klikushi.

1658

Posesiones de monjas en Auxonne y Louviers, Francia.

1658

René Besnard es declarado culpable de brujería en el Canadá francés.

1660-1662

La Gran Caza de Brujas de Escocia trae confesiones de Isabel Gowdie.

1661-1663

En Lindheim, los amigos de las brujas acusadas intentan rescatarlas de la Torre de la Bruja.

1662

Sir Matthew Hale preside los juicios en Bury St. Edmunds, Inglaterra.

1662-1666

Elizabeth Seager y otros juzgados por brujería en Hartford, Connecticut.

1662-1664

En Lowestoft, Inglaterra, Amy Denny y Rose Cullender son declaradas culpables de brujería.

1665

Karin Persdotter ejecutada por brujería en Finlandia.

1670

El mayor Thomas (o John) Weir y su hermana confiesan los delitos de brujería y son ejecutados.

1670

Lisbet y Ole Nypen ejecutados en Noruega.

1671-1672

Elizabeth Knapp sufre la posesión en Groton, Massachusetts.

1672-1678

Sir George "Bluidy" MacKenzie publica Pleadings in Remarkable Cases (Alegatos en casos notables) y Laws and Customs of Scotland in Matters Criminal (Leyes y costumbres de Escocia en materia penal), que promueven la mejora de los procedimientos legales.

1673

El asunto de la Chambre Ardente escandaliza al rey Luis XIV.

1680

Las autoridades intentan capturar a Zauber-Jackl en Salzburgo y en su lugar ejecutan a muchos niños vagabundos.

1687-1789

La Ilustración promueve las ideologías modernas y el escepticismo.

1668-1675

La caza, que comienza en Mora (Suecia), se amplía a Estocolmo.

1689/1690

Se publica el Sadducismus Triumphatus de Joseph Glanvill, que incluye material de Henry More.

1689-1692

Cotton Mather publica Memorable Providences Relating to Witchcraft and Possessions and visaThe Wonders of the Invisible World.

1691

Balthasar Bekker publica su escéptico De Betoverde Weereld.

1692-1693

La caza de brujas tiene lugar en Salem, Massachusetts.

1699

Caza realizada por el obispo Casimir Czartoriski de Cujavia y Pomerania.

1700

Ludovico Maria Sinistrari publica su De Demonialitate.

1700s

La caza de brujas se llevó a cabo en el Piamonte.

1701

Christian Thomasius publica su escéptica Dissertatio de Crimine magiae.

1702

El reverendo John Hale publica su escéptica Modest Enquiry into the Nature of Witchcraft en reacción a la caza de Salem.

1705-1706

Grace Sherwood se agachó como bruja en Virginia.

1712

Jane Wenham, la supuesta bruja de Walkerne, es una de las últimas brujas juzgadas en Inglaterra.

1718

Francis Hutchinson publica su escéptico Ensayo histórico sobre la brujería.

1727

Janet Horne muere como la última bruja ejecutada en Escocia.

1728-1729

Las brujas son perseguidas en Szeged, Hungría.

1730

Francia de Marie-Catherine Cadiere y Jean-Baptiste Girard atrapados en juicios escandalosos en Toulon, Francia.

1731

La zar Ana de Rusia restringe la caza de brujas.

1736

El Parlamento inglés aprueba la Ley de Brujería que pone fin a la caza de brujas.

1742-1745

Últimas ejecuciones por brujería en Francia.

1756-1766

La cacería de Abiquiu se llevó a cabo en México.

1770

La zar Catalina la Grande de Rusia pone fin a la caza de brujas.

1775

Anna Maria Schwagelin ejecutada como la última bruja del Sacro Imperio Romano.

1782

En Suiza, Anna Goeldi es una de las últimas brujas ejecutadas en Europa.

1789-1815

Revolución Francesa y Napoleón.

1793

Los prusianos de la Posen ocupada ahorcan a dos brujas, la última ejecución de brujas en Europa del Este.

1818

Ana Barbero en Sevilla, España, es la última persona juzgada por brujería en Europa.

www.ingramcontent.com/pod-product-compliance
Lightning Source LLC
Chambersburg PA
CBHW072020070526
44583CB00015B/1553